Artemis & Winkler

LEXIKON DER RÖMISCHEN KAISER

Von Augustus bis Iustinianus I.
27 v. Chr. bis 565 n. Chr.
Bearbeitet von
Otto Veh

Artemis & Winkler

4. Auflage 1994

3., überarbeitete, ergänzte
und mit Bildern versehene Auflage

Artemis & Winkler Verlag

Printed in Germany • ISBN 3-7608-1035-7

Vorwort

Das vorliegende Bändchen soll Freunden der antiken Geschichte in knapper Form einen Überblick über die römischen Herrscher von Augustus bis Justinian I. (27 v. Chr. bis 565 n. Chr.) geben. Als Grundlage der Kurzbiographien dienten die im Lexikon der Alten Welt enthaltenen Artikel, die eine gewisse Überarbeitung erfuhren. Hinzu kamen, der Vollständigkeit halber, dort nicht berücksichtigte Kleinkaiser. Sie werden herkömmlicherweise als Usurpatoren bezeichnet, sind aber – sofern Truppenteile oder der Senat bei ihrer Bestellung mitwirkten – nach römischer Rechtsauffassung als vollgültige Regenten zu betrachten. Meist treten sie in Zeiten innerer Unruhen oder äußerer Bedrohung auf und gewähren trotz mancher Lücken und Unklarheiten der Überlieferung wertvolle Einblicke in eine dramatisch bewegte Welt.

Weitere Aufschlüsse über die einzelnen Herrscher sind anhand von Hinweisen den beiden nunmehr abgeschlossenen Nachschlagewerken zu entnehmen:

1. Paulys Realencyclopädie der classischen Altertumswissenschaft. Neue Bearbeitung, begonnen von G. Wissowa, fortgeführt von W. Kroll und K. Mittelhaus, zuletzt hg. v. K. Ziegler. 1. Reihe (A–Q), 2. Reihe (R–Z), 15 Supplementbände, Register. Stuttgart, München 1893–1980. Abkürzung RE.

2. Der Kleine Pauly. Hg. v. K. Ziegler, W. Sontheimer, H. Gärtner. 5 Bde. München 1964–1975; NDr. München (dtv) 1979 u. ö. Abkürzung KP.

3. The Prosopography of the Later Roman Empire, I: A. D. 260–395, Cambridge 1971. Abkürzung PLRE I.

Vertiefter Beschäftigung mit dem römischen Kaisertum dient die «Ausgewählte Literatur» auf S. 133ff.

Das Zeichen →, eine chronologische Herrscherliste sowie genealogische Tafeln verdeutlichen die Zusammenhänge zwischen den Bioi. Die Stammtafeln auf S. 152/53, 154, 155 und 156/57 oben wurden dem Lexikon der Alten Welt entnommen, diejenigen auf S. 156/57 unten und 158 vom Verfasser erstellt. Die im Deutschen eingebürgerten Namen erscheinen in der geläufigen Schreibung (Konstantin, Trajan usw.).

Meinem Sohne Paul-Gerhard danke ich für die Mitarbeit.

Würzburg, Januar 1976

Vorwort zur 2. Auflage

Die Neuauflage gab dem Verfasser Gelegenheit, einige Ergänzungen und Berichtigungen vorzunehmen. Mit Rücksicht auf die in den letzten Jahren zahlreich erschienenen

Werke mußte lediglich der Abschnitt «Ausgewählte Literatur» (S. 133ff.) eine weitgehende Neubearbeitung erfahren. Für die wertvolle hiebei gewährte Hilfe danke ich Herrn K. Brodersen (Universität München) verbindlich.

Würzburg, Februar 1985

Vorwort zur 3. Auflage

Im neuen Gewand, bebildert, mit textlichen Ergänzungen und dem Nachtrag jüngst erschienener Fachliteratur möge das Lexikon der römischen Kaiser auch weiterhin einen Zugang zur Antike eröffnen!

Würzburg, März 1990

166 Einträge, auch in der chronol. Herrscher-tabelle, davon 101 „rechtm."

S. 9 – 131 (Lexikon)
und
S. 144 – 149 (Zeittafel)
befinden sich auf dem PC als
D:\fa\~~Historie~~ Geschichte\Rom\Kaiser\Lexikon der römischen Kaiser. ~~drop~~ doc
(06.11.06)

Achilleus (Aurelius A.) war an der Empörung in Ägypten 296/97 beteiligt und ist vermutlich mit dem Usurpator → L. Domitius Domitianus personengleich. RE I 245, KP I 50.

Aemilianus (Marcus Aemilius Ae.), römischer Kaiser 253, wurde um 210 geboren und war maurischer Herkunft. Im Frühjahr 253 besiegte er als Statthalter von Moesia inferior die Goten und wurde daraufhin vom Heer zum Kaiser ausgerufen. Obwohl ihn der Osten und der Senat anerkannten, ermordeten ihn seine Soldaten im Herbst 253 auf dem Marsch gegen → Valerianus bei Spoleto. RE XVI 901, KP I 89.

Aemilianus (Lucius Mussius Ae.), Usurpator um 261/62 in Ägypten, wo er – ritterlicher Herkunft – zunächst als praefectus waltete. Zum Kaiser proklamiert, geriet er bald in die Gewalt von → Gallienus' General Theodotus und wurde getötet. RE I 541, KP I 89.

Albinus → Clodius Albinus.

Allectus, Usurpator in Britannien 293–296 (294–297?). Als praefectus praetorio des → Carausius ermordete er diesen und trat seine Nachfolge in Britannien an, fiel aber 296 (297 ?) gegen ein Invasionsheer des → Constantius I. Chlorus bei London, womit das britannische Sonderreich endete. RE I 1584, KP I 273.

Anastasius I. (Flavius A.), oströmischer Kaiser 491–518, wurde um 491 in Dyrrhachium geboren und starb am 1. Juli 518 in Konstantinopel. Im Hofdienst (silentiarius) aufgestiegen und von der Kaiserwitwe Ariadne begünstigt, trat er am 11. April 491 die Regierung an und vermählte sich in der Folgezeit mit ihr. Er vermochte den Einfluß der unter seinem Vorgänger allmächtigen Isaurier zurückzudämmen und als erfahrener und haushälterischer Regent die allgemeine Wirtschaftslage zu heben, doch verschärfte seine monophysitische Einstellung den Kirchenstreit. Aufstände sowie Kämpfe mit Persern und Bulgaren bedrohten das Reich. RE I 2065, KP I 333.

Anthemius (Procopius A.), weströmischer Kaiser 467–472. Senator und Schwiegersohn des oströmischen Kaisers → Marcianus, wurde er von dessen Nachfolger → Leo I. in den Westen entsandt, wo er durch den allmächtigen Patricius und Königsmacher Ricimer am 12. April 467 zum Augustus ausgerufen wurde. 472 ersetzte dieser ihn durch → Olybrius und veranlaßte seine Ermordung nach schweren Straßenkämpfen in Rom (11. Juli 472). RE I 2365, KP I 371.

Antiochus ließ sich 272, als Kaiser → Aurelianus nach seinem Sieg über Palmyra nach Europa zurückkehrte, in Palmyra zum Kaiser ausrufen, wurde aber bald von Aurelian, der ihm Schonung gewährte, unterworfen. Er ist wahrscheinlich identisch mit Septimius Antiochus, dem Sohn der → Zenobia. RE I 2491, PLRE I 71.

Antoninus, Usurpator, zusammen mit → Memor und → Aureolus «und anderen mehr» bei Zosimos (I 38, 1) genannt, erhob sich gegen Kaiser → Gallienus, dürfte aber bald entmachtet bzw. getötet worden sein. Regierungszeit unbekannt (um 260 ?). RE I 2571, PLRE I 74.

Antoninus Pius (Titus Aelius Hadrianus A.), römischer Kaiser 138–161, wurde als Sohn des Konsulars Aurelius Fulvus am 19. Sept. 86 zu Lanuvium geboren, war 120 Konsul und um 134/35 Statthalter von Asia und gehörte → Hadrians Kaiserrat an. Nach dem Tode des «Kronprinzen» → L. Aelius von Hadrian (Februar 138) zum Nachfolger bestimmt und adoptiert, mußte er seinerseits die späteren Kaiser → Marcus Aurelius und → Verus adoptieren. Während Hadrians Todeskrankheit wird der reiche Grundbesitzer Regent, seit 10. Juli 138 Alleinherrscher. Obwohl seiner milden und rechtschaffenen Regierung etwas der Schwung fehlt, sind doch bedeutsame Tatsachen festzustellen: a) Auf dem Gebiet der *Innenpolitik:* Steigender Einfluß des consilium principis, harmonisches Verhältnis zum Senat, humane kaiserliche Rechtsprechung, Abschaffung des Krongoldes für Italien, in den Provinzen Ermäßigung auf die Hälfte, dank sparsamer Finanzpolitik Anhäufung eines bedeutenden Staatsschatzes, trotzdem Freigebigkeit und Alimentastiftungen (namentlich zugunsten von Mädchen), archaische Züge in der Erneuerung altitalischer Kulte, in der Fürsorge für Ilion und Pallantion sowie der Durchführung der Neunhundertjahrfeier Roms (147). b) Die *Außenpolitik* strebt durch defensive Grenzverteidigung nach Wahrung des Besitzstandes. In Britannien entsteht um 140 der Antoninus-Wall (Edinburgh–Glasgow), 155 die Außenlinie des obergermanischen Limes (Walldürn–Lorch); in Armenien, bei Quaden und Lazen werden Klientelkönige eingesetzt. Zahlreiche regionale Aufstände werden ziemlich rasch unterdrückt, doch kündigen sich beim Tode des Antoninus (7. März 161, beigesetzt im Hadrians-Mausoleum) unübersehbar Gefahren für das alternde Reich an. RE II 2493, KP I 407.

Antonius (Lucius A. Saturninus), Usurpator 89, erhob sich am 1. Jan. 89 als Statthalter in Germania superior gegen → Domitian und wurde von den Legionen in Mainz zum Kaiser ausgerufen, doch erlag er alsbald dem Statthalter von Germania inferior A. Lappius Maximus, da plötzlich eintretendes Tauwetter die germanischen Verbündeten des Antonius aufhielt. Sein Haupt wurde am 25. Jan. 89 auf dem Forum Romanum zur Schau gestellt. RE I 2637, KP I 414.

Arcadius (Flavius A.), oströmischer Kaiser 383–408. Geboren um 377 als ältester Sohn → Theodosius' I., Bruder des weströmischen Kaisers → Honorius und der Galla Placidia, wurde er schon am 16. Jan. 383 zum Augustus ausgerufen und regierte seit 384 selbständig im Osten. Er blieb trotz guter Ausbildung und gewisser Fähigkeiten – einer der «Kinderkaiser» – zeit seiner Herrschaft, die von religiösem Streit und Abwehrkämpfen gegen Westgoten und Hunnen erfüllt war, von der Hofkamarilla abhängig. RE II 1137, KP I 497.

Antoninus Pius 138–161

Attalus (Priscus A.), weströmischer Gegenkaiser 409/10 und 414/15. Vornehmer Herkunft und praefectus urbi, wurde er auf Veranlassung des Westgotenkönigs Alarich I. 409 durch den Senat gegen → Honorius zum Kaiser aufgestellt, wegen römer-freundlicher Politik aber 410 von Alarich seines Amtes entkleidet. 414 erhoben ihn die Westgoten in Gallien erneut zum Kaiser; im Jahr darauf fiel er Honorius in die Hände und endete als Verbannter auf der Insel Lipara. RE II 2177.

Augustus. Erster römischer Kaiser 27 v. bis 14 n. Chr. und Begründer des Prinzipats, trug im Laufe seines Lebens folgende *Namen:* 63–44: C. Octavius, 44–42: C. Iulius C. f(ilius) Caesar, 42–38: C. Iulius divi f. Caesar, 38–27: Imperator Caesar divi f., 27 v. bis 14 n. Chr.: Imperator Caesar (divi f.) Augustus. Den Namen Octavianus, mit dem Augustus vor 27 v. Chr. gewöhnlich bezeichnet wird, hat er selbst offiziell nicht geführt.

Leben und Wirken bis 27 v. Chr. Als Sohn des C. Octavius und der Atia maior, der Nichte Caesars, am 23. Sept. 63 v. Chr. zu Rom geboren und lebenslang von zarter Gesundheit, wurde er 48 zum Pontifex gewählt und nahm 46 an Caesars Triumphzug und 45 an dessen Kämpfen in Spanien teil. Er sollte seinen Großonkel – als Reiteroberst (magister equitum) – auch in den geplanten Partherkrieg begleiten, erhielt aber während eines eingeschobenen Studienaufenthaltes in Apollonia die Nachricht von dessen Ermordung. Sofort trat er das Erbe

Caesars an, der ihn testamentarisch adoptiert und zum Haupterben bestellt hatte. Vorsichtig taktierend schuf er sich eine Privatarmee (besonders aus Caesars Veteranen) und unterstützte im Kampf des M. Antonius (Konsul 44 v. Chr.) gegen den Caesarmörder M. Iunius Brutus die Sache des Senats, der ihn 43 aufnimmt und mit einem proprätorischen Imperium versieht. Der Ausgang der Kämpfe um Mutina gab dem von seinen Gegnern unterschätzten und vom Senat zurückgesetzten ehrgeizigen Rechner die Möglichkeit, seine Wahl zum Konsul für das folgende Jahr (42) zu erzwingen, worauf er die Partei wechselte und Ende 43 bei Bononia mit Antonius und M. Lepidus ein auf fünf Jahre befristetes, späterhin durch Volksbeschluß sanktioniertes Triumvirat zur Neuordnung des Staates (rei publicae constituendae) schloß. Octavian erhielt die Provinzen Afrika, Sizilien, Sardinien und Korsika; Proskriptionen, Konfiskationen und Kontributionen begleiteten die Caesarianer auf ihrem Rachezug in den Osten, der mit dem Sieg des Antonius über die Caesarmörder bei Philippi (42) endete; Krankheit hielt den im übrigen militärisch wenig leistungsfähigen Octavian vom Entscheidungskampf fern. Das nächste Jahrzehnt brachte ihm schwere Aufgaben: Landbeschaffung zur Ansiedlung der Veteranen, Unterdrückung der Erhebung des L. Antonius in Perusia (40), Vernichtung der Seeherrschaft des Sex. Pompeius und Sturz des Lepidus (36), Schutz Italiens gegen die kriegerischen Alpenvölker und Illyrer, daneben dauernde Bedrohung durch M. Antonius, den Herrn des Ostens, der nur in zähen Verhandlungen (Brundisium 40, Tarent 37), wobei auch das Triumvirat auf weitere fünf Jahre verlängert wurde, zum Stillhalten bewogen werden konnte. Seit 35 war Octavians Stellung so weit gefestigt, daß er unter Ausnützung einer nationalrömischen Welle der Empörung über die Ostpolitik des M. Antonius und seine eheliche Verbindung mit der Ägypterkönigin Kleopatra den Westen zu einer Kriegserklärung gegen letztere veranlassen konnte; am 2. Sept. 32 besiegte er dank seinem tüchtigen «Reichsfeldherrn» Agrippa Antonius' Flotte bei Actium, am 1. Aug. 30 zog er in Alexandria ein und machte der Ptolemäerdynastie und der Selbständigkeit Ägyptens ein Ende. Das kriegsmüde Volk und der – dezimierte – Kreis des Adels und der Besitzenden huldigten dem Friedensbringer, der nach einem großartigen Triumph (13.–15. Aug. 29) die Tore des Janus-Tempels schließen, den Senat von unliebsamen Mitgliedern säubern und zahlreiche Tempel erneuern ließ, zugleich aber auch die lange schwelende Verfassungsfrage durch einen Kompromiß endgültig klärte. Indem er am 13. Jan. 27 vor dem Senat – wohl nur scheinbar – seine Bereitschaft ausdrückte, alle Heere und Provinzen zurückzugeben und damit staatsrechtlich die Republik wiederherzustellen, veranlaßte er dessen einsichtige Mitglieder, den geschichtlich gewordenen neuen Verhältnissen Rechnung zu tragen und ihn zu bitten, ausgestattet mit außerordentlichen Vollmachten, die Leitung der wichtigsten Provinzen und der dort stehenden, fast die gesamte römische Wehrmacht umfassenden Truppenkörper sowie die Befriedung des Reiches und die Sicherung der Grenzen zu übernehmen, was Octavian zunächst für zehn Jahre zusagte. Zum Dank für seine bisherige Leistung und seine Bereitschaft beschloß der Senat am 16. Jan. 27 neben anderen Ehren die Verleihung des Titels Augustus (= der Erhabene) und eines goldenen Schildes (clupeus virtutis), der die «klassischen» Tugenden des Augustus feierte: Tapferkeit, Milde, Gerechtigkeit und Frömmigkeit, womit die Grundlage der künftigen römischen Kaiserideologie geschaffen wurde.

Die innere Politik 27 v. bis 14 n. Chr. diente dem systematischen, vielfach durch Notwendigkeiten erzwungenen Ausbau der Stellung des *Princeps* (des «Ersten»), wie Augustus sich in deutlicher Abhebung von der Position des Königs oder Diktators gesehen wissen wollte. Im Monumentum Ancyranum, seinem vielerorts inschriftlich niedergelegten, zum Teil etwas schönfärbenden Rechenschaftsbericht, charakterisiert er seine Machtstellung (6/21ff.): «Ich habe an Machtbefugnis nie mehr besessen, als mir jeweils, innerhalb der durch die Kollegialität gezogenen Schranken, kraft der mir übertragenen Ämter, zustand; meine Vorrangstellung beruhte auf dem

Einfluß, den man mir, mehr als irgendeinem anderen, als dem in politischen Fragen maßgeblichsten Führer freiwillig einräumte.» Die Machtsteigerung des Prinzipats unter Augustus läßt sich an folgenden Tatsachen ablesen: Seit 23 Verzicht auf alljährliche Übernahme des Konsulats, Stützen der Macht statt dessen das «imperium proconsulare maius» und die Jahr für Jahr übertragene tribunizische Gewalt, infolge von Unruhen (19) Übernahme des imperium consulare für den Stadtbereich von Rom, infolge akuter Notlagen Oberaufsicht über die Getreideversorgung (22) und über das Straßenwesen (20), ab 12 pontifex maximus, 2 v. Chr. Ehrung als «pater patriae».

Neuordnung der römischen Gesellschaft: Diese verfolgte nach den Wirren eines einhundert Jahre währenden Bürgerkrieges konservative Tendenzen durch Verfestigung des Senatoren- und Ritterstandes, durch Ehe- und Sittengesetze – mit dem besondern Ziele, in den Führungsschichten Familiengründung und Kinderreichtum zu fördern –, durch Befriedigung der politisch entrechteten römischen Bürgerschaft mittels Spielen, Getreide und Geldspenden sowie Ansiedlung, durch maßvolle Weiterführung der von Caesar eingeleiteten Romanisierung namentlich in den westlichen Reichsprovinzen.

Der Sicherheit der Hauptstadt dienten nach Einteilung in vierzehn Regionen die neu aufgestellten sieben cohortes vigilum (Feuerwehr) und die cohortes urbanae

(Stadtpolizei). Die großen, den Staat finanziell ruinierenden Heeresverbände der Bürgerkriege wurden durch eine straff gegliederte, aus cives Romani bestehende und etwa achtundzwanzig Legionen umfassende Berufsarmee ersetzt, die einschließlich Hilfstruppen nur mehr an die 300 000 Mann zählte und, da auch ohne Reserven, kaum für Offensivkriege genügte. Die Flotte beschränkte ihre Tätigkeit mehr auf polizeiliche Aufgaben. Eine eigene Militärkasse übernahm die Versorgung der etwa nach zwanzig Dienstjahren ausscheidenden Soldaten, welche meist in der Nähe von Garnisonen oder an militärisch wichtigen Punkten angesiedelt wurden. Zur unmittelbaren Verfügung des Kaisers standen die um, später in Rom garnisonierenden Prätorianer, eine erlesene, bevorzugt behandelte, aber auch nicht ungefährliche Leibgarde unter zwei – ritterlichen – praefecti praetorio. Dank systematischer Neuordnung der Steuer- und Zollverwaltung, gezielten Förderungsmaßnahmen und scharfer Überwachung der obersten Beamten in kaiserlichen wie senatorischen Provinzen erlebte das Reich einen allgemeinen wirtschaftlichen Aufschwung und genoß dankbar die Segnungen der «pax Augustea». Oppositionsversuche blieben daher erfolglos. Unter dem Schutz des Augustus und seines Kreises (besonders des Maecenas) erfuhren Künste und Kultur eine neue Blüte, so daß man von einem Augusteischen Zeitalter spricht. Großzügige Bauten machten Rom «aus einer Ziegel- zu einer Marmorstadt»; daneben entstanden die Dichtwerke eines Horaz und Vergil sowie die Geschichte «Ab urbe condita» des Livius, die letzten Endes alle dem Lobe des neuen Weltenherrschers dienten. Dementsprechend wurde auf religiösem Gebiet neben allgemeiner Restauration und der Abhaltung einer Säkularfeier (17 v. Chr.) vor allem die differenzierte Ausbildung des Kaiserkultes wichtig, der unter dem Einfluß hellenistisch-orientalischer Vorstellungen im Osten (namentlich Ägypten) bis zur Vergöttlichung des Herrschers («Retter» = Soter) führte, während der Westen im allgemeinen bei Loyalitätserklärungen in Verbindung mit der Verehrung der Dea Roma blieb. Erst der am 19. Aug. 14 n. Chr. in Nola verstorbene Augustus wurde durch Senatsbeschluß vom 17. Sept. 14 unter die Götter erhoben. Große Sorge schuf dem Kaiser, der nur eine einzige (mißratene) Tochter – Julia – als leibliches Kind besaß, die Regelung der Nachfolge. Durch zahlreiche Todesfälle in Aussicht genommener Thronerben war er schließlich gezwungen, den in zweiter Ehe mit der klugen, energischen Livia Drusilla angeheirateten Claudier → Tiberius, den wenig geliebten, aber in seinen großen Fähigkeiten wohl erkannten Adoptivsohn, zum Nachfolger zu bestellen.

In der Grenzpolitik legte Augustus entgegen den weitausgreifenden Plänen Caesars besonderes Gewicht auf Erschließung und Konsolidierung der Randgebiete des

Augustus 27 v. Chr. bis 14 n. Chr.

Reiches. So wurden die Parther in ihre Grenzen verwiesen und die Oberhoheit über Armenien gesichert, die Iberische Halbinsel völlig unterworfen, die nördliche Reichsgrenze bis zur Donau vorgeschoben und der Osten durch einen Kranz von Klientelstaaten (z. B. Palästina unter Herodes) umgeben. Hingegen scheiterte ein Vorstoß gegen die Araber von Saba (Jemen) 25/24 v. Chr., und der Versuch, Germanien bis zur Elbe einzugliedern, endete mit der Katastrophe im Teutoburger Wald (9 n. Chr.) und der Rücknahme der Reichsgrenze auf die Rheinlinie.

Frühzeitig schon erlebten Werk und Person des Augustus eine Verklärung; als der von Gott gesandte Friedensfürst wurde er für Christen und Heiden der «Mann der Zeitenwende», die folgenden römischen Kaiser und die des Mittelalters sahen in ihm ihr Vorbild. In der Tat ist es, wie die Spannungen zwischen der Härte, Grausamkeit, Skrupellosigkeit und kalten Berechnung seiner Anfänge und der klugen Selbstbescheidung der späteren Lebensabschnitte anzeigen, Augustus gelungen, auch in seiner Person die Gewalten des Bürgerkriegs zu bändigen und zu einer beispielgebenden Lebensform vorzustoßen. Durch Verbindung monarchischer und republikanischer Elemente schuf er unter Berufung auf die Energien persönlicher Autorität die zunächst auf ihn selbst zugeschnittene Form des Prinzipats und verlieh ihr in behutsamer Ausgestaltung während eines langen

Lebens Allgemeingültigkeit und Dauer. Von seinen zahlreichen, leider großenteils verlorenen literarischen Werken gibt uns sein Tatenbericht (Monumentum Ancyranum) den tiefsten Einblick in die Persönlichkeit. Zur Familienzusammengehörigkeit des julisch-claudischen Hauses s. die Übersicht auf Seite 152/53. RE X 275, KP I 744.

Aurelianus (Lucius Domitius A.), römischer Kaiser 270–275. Einfachen Verhältnissen entstammend, 9. Sept. 214 in Moesien geboren, bekleidete er als hervorragender Soldat unter → Gallienus eine führende Stellung in der Reiterei und half ihm gegen den Usurpator → Aureolus, beteiligte sich aber dann an seiner Beseitigung. Er befehligte unter → Claudius Gothicus während dessen Gotenkriegs die gesamte Reiterei und wurde nach dessen Tod von den Donaulegionen in Sirmium zum Kaiser erhoben (April 270). → Quintillus, der Bruder des Claudius, wich ihm kampflos. Damals schien die Auflösung des Reiches unmittelbar bevorzustehen, doch deckte sich Aurelianus zunächst durch ein Abkommen mit → Zenobia und → Vaballathus, denen er die selbständige Verwaltung ihrer Gebiete im Osten zugestand. 270/71 sicherte er durch siegreiche Kriege die Donaufront gegen Juthungen, Sarmaten und Vandalen, mußte freilich Dakien nördlich des Flusses räumen. Er vertrieb in Italien eingedrungene Goten und schützte Rom durch Anlage der sogenannten Aurelianischen Mauer. In schweren Kämpfen rang er 271–273 das Reich von Palmyra nieder, dessen Länder, namentlich die Kornkammer Ägypten, dem Imperium wieder unmittelbar angegliedert wurden. Die kampflose Beseitigung des Teilherrschers von Gallien → Tetricus und der große Triumph 274 krönten das Lebenswerk des «restitutor orbis». Der Festigung der Reichseinheit diente neben Verwaltungs- und Wirtschaftsreformen vor allem der Kult des zum Schutzgott des Kaisers und Reiches erhobenen, in römischen Formen verehrten «Sol invictus», des «Unbesiegten Sonnengottes» (→ Elagabal). Dies verhalf allgemein dem monotheistischen Glauben zum Durchbruch. Obwohl bereits 275 ermordet, war er der Wegbereiter für den Wiederaufstieg des Imperiums. RE V 1347, KP I 761.

Aureolus, Usurpator 268 (–270?). Ein Daker niederer Herkunft, bekämpfte er als General des → Gallienus erfolgreich die Usurpatoren → Ingenuus, → Macrianus und → Postumus, empörte sich aber selbst gegen Gallienus, der ihn in Mailand belagerte und dabei durch eine Generalsverschwörung den Tod fand. → Claudius Gothicus besiegte und tötete ihn. RE II 2545, KP I 771.

Avidius Cassius (Gaius A. C.), Usurpator 175. Ein Syrer aus Cyrrhus, schlug er als legatus Syriae den Partherkönig Vologaeses III. entscheidend und zerstörte Seleukeia und Ktesiphon (165). Er wurde nach diesen Erfolgen mit der Leitung des ganzen Orients und Ägyptens betraut; eine Falschmeldung vom Tode des Marcus Aurelius bestimmte ihn, sich zum Kaiser ausrufen zu lassen (März

175), worauf große Teile des Orients auf seine Seite traten. Noch vor dem Waffengang mit M. Aurel wurde jedoch der zum Staatsfeind erklärte Usurpator von eigenen Soldaten getötet (August 175). RE II 2378, KP I 787.

Avitus (Eparchius A.), weströmischer Kaiser 455/56, wurde um 400 als Sproß eines vornehmen gallischen Geschlechtes in der Auvergne geboren und hatte Verbindungen zum Westgotenhof. Nach militärischer Bewährung unter Aëtius waltete er als praefectus praetorio in Gallien, wurde von → Petronius Maximus im Frühjahr 455 zum Reichsfeldherrn bestellt und ließ sich nach dessen Sturz mit Hilfe des gallischen Adels und der Westgoten am 9. Juli 455 in Arles zum Kaiser ausrufen. Er begab sich nach Rom, unterlag aber am 17. Okt. 456 dem patricius und Kaisermacher Ricimer und starb vermutlich auf der Flucht nach Gallien. RE II 2395, KP I 789.

Balbinus (Decimus Caelius Calvinus B.), römischer Kaiser 238. Geboren um 178 und senatorischer Abkunft, hatte er schon mehrfach höhere Ämter und auch das Konsulat bekleidet, als er nach dem Tod von → Gordianus I. und II. im Frühjahr 238 vom Senat gegen → Maximinus Thrax zum Kaiser («Senatskaiser») gewählt wurde und in völliger Kollegialität mit → Pupienus – wohl nach dem Vorbild des republikanischen Konsulats – die Regierung führte. Obwohl Maximinus ermordet wurde und sie → Gordianus III. zum Caesar annahmen, fanden beide nach Unruhen in Rom und gegenseitigen Rivalitäten bereits Juli 238 durch die Prätorianer den Tod. RE III 1258, KP I 993.

Basiliskos. Oströmischer Kaiser 475/76. Als Schwager des Kaisers → Leo I. befehligte er 468 die römische Streitmacht gegen den Vandalenkönig Geiserich, erlitt aber durch persönliches Versagen eine entscheidende Niederlage, welche den endgültigen Zusammenbruch des Westreiches einleitete. Er erklärte sich nach der Flucht des verhaßten «Isauriers» → Zeno 475 zum Kaiser, machte sich aber auch selbst durch Bekämpfung der chalkedonensischen Glaubensrichtung sowie steuerliche Maßnahmen bald unbeliebt. Nach seiner Rückkehr auf den Thron ließ Zeno Basiliskos und seine ganze Familie töten (Herbst 476). RE III 101, KP I 838.

Bonosus. Usurpator 281. Als Flottenkommandant in Köln erhob er sich gegen → Probus, der ihn bald beseitigte. RE III 713, KP I 928.

Caligula (Gaius Iulius Caesar Germanicus), römischer Kaiser 37–41. Er wurde als jüngster Sohn des Germanicus 12 n. Chr. zu Antium geboren und erhielt im Lager seines Vaters von den Soldaten den Kosenamen «Stiefelchen». Von seinem Großonkel → Tiberius mit Zurück-

Balbinus 238

haltung behandelt, hatte er bis zu dessen Tod erst die Quästur (31) bekleidet, als er am 16. März 37 auf Betreiben des praefectus praetorio Macro zum Kaiser ausgerufen wurde. Er wurde nach seinem strengen, menschenscheu gewordenen Vorgänger mit großen Erwartungen begrüßt, zog sich aber bald die Feindschaft des Senates zu, als er sich im Stile hellenistischer Könige als «Gottkaiser» zu fühlen begann und z. B. als Inkarnation Jupiters einen Tempel auf dem Palatin beanspruchte. Im Osten wurde er als Neuer Gott, als Neuer Dionysos verehrt. Da seine Statuen auch in Synagogen aufgestellt werden sollten, kam es in Alexandria und Jerusalem zu Unruhen. Die Reichsverwaltung bewegte sich weiterhin etwa in den Bahnen des Tiberius, dessen Staatsschatz freilich durch übertriebene Spenden und Veranstaltungen bald aufgebraucht wurde. Im Osten wurden in verstärktem Maße Klientelkönige eingesetzt, Iulius Agrippa in Iudaea, die Söhne des Kotys in Thrakien, Pontus und Bosporus sowie Kleinarmenien, ferner Antiochus IV. in Kommagene, während Ptolemaeus von Mauretanien hingerichtet und sein Land als Provinz eingezogen wurde (40). Auf einer Reise nach Gallien, welche vornehmlich die Staatskasse füllen sollte, begnügte sich Caligula in militärischer Hinsicht mit einer Demonstration an der Kanalküste und einem ergebnislosen Rheinübergang. Verschiedene Verschwörungen und harte Gegenmaßnahmen des Kaisers, der mehr und mehr unter psychischen Störungen und abartigen Neigungen gelitten haben dürfte, schufen zwischen dem Herrscher und der aus Senatoren und Rittern bestehenden und zuletzt noch durch die Garde verstärkten Opposition eine unheilvolle Spannung, die am 24. Jan. 41 zu seiner Ermordung durch die Prätorianertribunen Cassius Chaerea und Sabinus führte, mit denen sich sein Günstling Callistus verbündet hatte. RE X 381, KP I 1015.

Calocaerus (Kalokairos), Usurpator 334/35. Als magister camelorum (Oberaufseher über die Kamelherden) in Cypern warf er sich gegen → Konstantin I. zum Herrscher auf, wurde indessen bald besiegt und ans Kreuz geschlagen. RE X 1757.

Caracalla (Marcus Aurelius Antoninus), römischer Kaiser 211–217. (Der Spitzname Caracalla stammt wohl von der keltischen Bezeichnung eines Mantels, den er in Rom einführte.) Caracalla, geboren 188 in Lyon als ältester Sohn des → Septimius Severus und der Iulia Domna, wurde 196 zum Caesar, 198 zum Augustus ernannt, übernahm nach dem Tode des Vaters (4. Febr. 211) in Eboracum (York) mit seinem Bruder → Geta die Herrschaft. Trotz mütterlicher Versöhnungsversuche ließ er (Februar 212) Geta ermorden und an seinen angeblichen Gegnern ein grausames Blutgericht vollziehen, dem auch der große Jurist Papinianus zum Opfer fiel. Ein «zweiter Alexander», wollte der rohe, auf eine verwöhnte Soldateska gestützte Gewaltherrscher es seinem Vorbild mit der Eroberung des Partherreiches gleichtun. In Übereinstimmung mit seinen Weltherrschaftsideen verlieh er 212 mit der Constitutio Antoniniana allen freien Reichsbewohnern das römische Bürgerrecht und bemühte sich um einen synkretistischen Ausgleich zwischen dem östlichen und westlichen «Götterhimmel». Er sicherte durch einen Sieg über die Alamannen (213) und Carpen (214) die Donaugrenze und stieß, nachdem er in Antiochia das Friedensangebot der Parther (215) abgelehnt hatte, bis Arbela vor (216), mußte jedoch in Edessa überwintern. Vor der neuen Offensive ließ ihn sein praefectus praetorio → Macrinus am 8. April 217 bei Carrhae ermorden. RE II 2434, KP I 1047.

Carausius (Marcus Aurelius Mausaeus Valerius C.), Usurpator 287–294. Geborener Kelte und als Admiral des → Maximianus mit dem Krieg gegen die seeräuberischen Franken und Sachsen betraut, machte er sich zum Kaiser und beherrschte Britannien mit der gallischen Gegenküste sowie die See. Er wurde notgedrungen bis 293 von den übrigen Kaisern als Augustus anerkannt, dann durch den Caesar → Constantius Chlorus bekämpft und von → Allectus 294 ermordet. RE III 1570, KP I 1051.

Carinus (Marcus Aurelius C.), römischer Kaiser 283–285. → Carus erhob diesen seinen älteren Sohn 282 zum Caesar und betraute ihn vor seinem Feldzug gegen die Perser mit der Verwaltung des Westens, wo er die Ger-

Caracalla 211–217

manen bekämpfte. Nach dem Tod des Vaters wurde er zusammen mit seinem Bruder → Numerianus 283 zum Augustus ausgerufen und besiegte in Moesien den 284 als Gegenkaiser aufgestellten → Diokletian, endete aber im Frühjahr 285 durch Mord. RE II 2455, KP I 766.

Carus (Marcus Aurelius C.), römischer Kaiser 282/83. Geboren vermutlich in Narbo, diente er unter → Probus als praefectus praetorio, wurde in Raetien von den Truppen zum Gegenkaiser erhoben (etwa Oktober 282) und nach der Ermordung des Probus allgemein anerkannt. Nach Ernennung seiner Söhne → Carinus und → Numerianus zu Caesaren kämpfte Carus an der Donau gegen Sarmaten und Quaden und eroberte auf einem erfolgreichen Feldzug gegen den Sassaniden Vahrans II. Ktesiphon. Er starb dort unter unklaren Umständen. RE II 2456, KP I 766.

Claudius (Tiberius C. Caesar Augustus Germanicus), römischer Kaiser 41–54, wurde am 1. Aug. 10 v. Chr. als Sohn des Drusus und der Antonia minor zu Lugdunum (Lyon) geboren und blieb, krank und unansehnlich, aber begabt und mit Studien (u. a. mit der absterbenden Sprache Etruskisch) beschäftigt, bis 37 (consul suffectus) vom öffentlichen Leben ausgeschlossen. Nach → Caligulas Ermordung wurde er gegen ein hohes Donativ von den Prätorianern auf den Thron erhoben, worauf ihn der Senat, der die Wiederherstellung der Republik gewünscht hatte, zögernd anerkannte (25. Jan. 41). Abhängig von seinen (vier) Ehefrauen (besonders Valeria Messalina und Agrippina minor) sowie seinen Freigelassenen, dazu oft haltlos, fahrig und skurril, hat Claudius nach der Katastrophe seines Neffen im ganzen doch eine erfolgreiche Politik des Ausgleichs und sinnvoller Entwicklung getrieben, welche die über ihn überlieferten Schmähungen (z. B. die Apokolokyntosis des Seneca) als boshafte Übertreibung erscheinen lassen. *Innenpolitisch* bedeutsam ist der zentralistische Ausbau der kaiserlichen Verwaltung, wo Freigelassene als fachkundige, einflußreiche Ressortchefs wirken: Narcissus als Kabinettchef (ab epistulis), Pallas als Finanzsekretär (a rationibus), Polybius als Archivsekretär (a studiis), Callistus als Sekretär der Bittgesuche (a libellis), und die kaiserliche Kasse (fiscus) nebst Finanzgerichten (53) ihre endgültige Organisation erhält. Straßen- und Postwesen werden verbessert. Neben konservativ-ständischer Kontrolle von Senat und Ritterschaft gehen Bemühungen um Aufnahme gallischer Adeliger in den Senat, um fortschrittliche Bürgerrechtsverleihungen und um Gründung von Kolonien (z. B. Köln) einher. Beweise reger *Bautätigkeit* sind die Erweiterung des Hafens von Ostia, Aquädukte in Rom, die Tiberregulierung und teilweise Entwässerung des Fucinersees, die Anlage von Alpenstraßen, so über den Reschenpaß zur Donau und über den Großen St. Bernhard. Bemerkenswert erscheint ferner eine starke *Aktivität auf religiösem Gebiet:* Sie betraf die Erneuerung alter Priesterkollegien und Riten, wiederholtes Einschreiten gegen die Juden in Rom, aber auch Schlichtungsversuche zwischen diesen und den Griechen in Alexandria, Verfolgung der Druiden in Gallien, Verbannung der Astrologen aus Italien u. ä. Die *Grenzpolitik* des Kaisers erstrebte Abrundung des Reichsgebietes und verstärkte Sicherung der Randländer. So wurde nach Unterdrückung eines Aufstandes Mauretanien (42) in die Provinzen Mauretania Tingitana (Westen) und Caesariensis (Osten) gegliedert, Lykien (43), Judaea (44) und Thrakien (46) in den Provinzialstatus übergeführt, das Friesen- und Chaukenland unter römische Oberhoheit gebracht (47) und mit einer Kastellinie an der oberen Donau begonnen. Unsicher blieb der römische Einfluß auf Armenien, dagegen gelang es, 43 den Südosten Britanniens zu erobern und durch vier Legionen zu sichern.

Die Empörung des Camillus Scribonianus (42) mit dem Ziel, die Republik zu erneuern, wurde mühelos niedergeschlagen, eine zweite, die des Asinius Gallus und Taurus Statilius Corvinus (46), entdeckt. Schwer erschütterte den Thron die Affäre der Messalina mit C. Silius (48), schließlich erlag Claudius dem Anschlag seiner vierten Gemahlin, Agrippina, die, um ihrem leiblichen Sohn, dem späteren Kaiser → Nero, gegenüber Claudius' Sohn aus früherer Ehe, Britannicus, die Nachfolge zu sichern, ihren Gatten durch ein Pilzgericht vergiftete

Claudius 41–54

(13. Okt. 54). Von den umfangreichen, meist historischen Schriften des Kaisers – darunter auch einer Selbstbiographie – ist nichts erhalten. RE III 2778, KP I 1215.

Claudius Gothicus (Marcus Aurelius C.), römischer Kaiser 268–270, wurde 219 in Dalmatien geboren und als hoher Offizier von → Gallienus mit der Bekämpfung des Usurpators → Aureolus betraut, zettelte aber später eine Generalsverschwörung gegen Gallienus an und wurde nach dessen Ermordung Kaiser (August 268). Er beseitigte den Aureolus, besiegte die nach Oberitalien vorgedrungenen Alamannen (268) und versuchte anschließend – vergeblich –, das gallische Teilreich zurückzugewinnen. Zur Vertreibung der Goten zog er in die Donauprovinzen und starb nach bedeutenden Siegen über die Eindringlinge, mit der Neuordnung der dortigen Verhältnisse beschäftigt, Anfang 270 zu Sirmium an der Pest. Das Erbe trat zunächst sein Bruder → Quintillus an. RE II 2458, KP I 770.

Clodius Albinus (Decimus C. Septimius A.), römischer Gegenkaiser 195–197. Als Sproß eines angesehenen, reichen Geschlechts um 140 zu Hadrumetum geboren, wurde der tüchtige Soldat 193 zum Legaten in Britannien ernannt und als möglicher Gegner und Favorit der römischen Aristokratie von → Septimius Severus zunächst mit Caesarwürde und Nachfolgeversprechen hingehalten. Nach seinem Sieg über → Pescennius Niger erklärte ihn aber Septimius Severus zum Staatsfeind und zwang ihn so, sich Ende 195 von den britannischen Truppen zum Augustus ausrufen zu lassen. Clodius fiel 196 in Gallien ein und machte, bei Lugdunum am 19. Febr. 197 in hartem Kampfe besiegt, seinem Leben ein Ende, während seine Anhänger blutiger Rache erlagen. RE IV 67, KP I 1229.

Commodus (Marcus Aurelius C. Antoninus), römischer Kaiser 180–192. Sohn des → Marcus Aurelius und der Faustina, wurde, «der erste im Purpur geborene Thronfolger» (161 in Rom), 166 zum Caesar, elf Jahre später zum Augustus und Mitregenten erhoben. Nach dem Tode des Vaters trat er im Lager bei Wien (17. März 180) die Alleinherrschaft an, schloß sofort mit den Markomannen und Quaden einen – wenig günstigen – Frieden und kehrte dann nach Rom zurück, das er nicht mehr verließ. Gestützt auf tüchtige und ergebene praefecti praetorio, führte er im Gegensatz zu seinem Vater ein absolutistisches Regiment in den theatralischen Formen eines von orientalischen Ideen erfüllten Monarchen. Er fühlte sich, ähnlich einem → Caligula, als Inkarnation des Romanus Hercules und trat als solcher sogar im Amphitheater auf. Im Sinne eines henotheistischen Synkretismus förderte er verschiedenste Kulte, wobei er auch das Christentum duldete. Obschon das Reich von manchen Unruhen erschüttert wurde und bei den riesigen Aufwendungen des Kaisers für Spiele und Wettkämpfe unter Geldnot litt, erfreute es sich doch gewisser

Blüte. Die Günstlingswirtschaft der Hofkamarilla und das ausschweifende Leben des Kaisers forderten schon bald die senatorische Opposition gegen den «Caesarenwahn» heraus und bereiteten den Boden für Verschwörungen. Als Commodus nach Ermordung beider designierter Konsuln am 1. Jan. 193 seinen eigenen Konsulatsantritt in Gladiatorenrüstung feiern wollte, griffen maßgebliche Personen seiner Umgebung ein und ließen ihn in der Nacht zuvor durch seinen Sklaven Narcissus im Bad erwürgen. RE II 2464, KP I 1261.

Constans (Flavius Iulius C.), römischer Kaiser 337–350, wurde als jüngster Sohn → Konstantins des Großen und der Fausta 323 geboren, 335 zum Caesar erhoben und zusammen mit seinen beiden älteren Brüdern 337 zum Augustus ausgerufen. Zunächst als Herrscher von Italien, Afrika und Illyrien der Vormundschaft → Konstantins II. unterstellt, besiegte er diesen 340 und gewann dessen Reichsteil im Westen, doch fiel er, wegen seiner Strenge, harten Finanzpolitik und ausschweifenden Lebensweise allgemein unbeliebt, Anfang 350 einer Verschwörung des Usurpators → Magnentius zum Opfer. RE IV 948, KP I 1282.

Constans. Weströmischer Usurpator 410/11. Sohn des Usurpators → Konstantin III. und 408 zum Caesar bestellt, eroberte er für seinen Vater Spanien. 410 wurde er Augustus. Im Jahre darauf fand er nach vergeblichen Versuchen, das inzwischen verlorene Spanien zurückzugewinnen, in Vienna ein gewaltsames Ende. RE IV 952, KP I 1283.

Constantius I. Chlorus (Gaius Flavius Valerius C.), römischer Kaiser 305/06. Um 250 in Illyrien geboren und einfacher Herkunft – die Abstammung von → Claudius Gothicus ist spätere konstantinische Propaganda –, diente er sich zum praefectus praetorio empor und wurde am 1. Jan. 293 von → Maximianus zum Caesar angenommen und damit Mitglied der Tetrarchie → Diokletians. Durch seine Gemahlin Theodora war er bereits Schwiegersohn Maximians, der ihn als Caesar auch noch adoptierte. Zum Herrschaftsbereich mit Residenz in Trier erhielt C. Gallien und gewann sich im Kampf gegen → Carausius und → Allectus noch Britannien hinzu. Des weiteren schützte er die Rheinlinie gegen Franken und Alamannen. Als einziger Tetrarch führte er die Christenedikte mild durch und begnügte sich, Christen aus dem Heer zu entlassen. Nach Rücktritt der Augusti → Diokletian und → Maximianus am 1. Mai 305 selbst zum Augustus über den ganzen Westen nebst Pannonien erhoben, ließ er die beiden Caesarstellen durch → Galerius besetzen und adoptierte sogar dessen Parteigänger → Severus. Dabei besaß er eigene Söhne, z. B. Iulius Constantius und → Konstantin, den späteren Kaiser, den er besonders förderte. Frühzeitig gealtert, starb er bereits am 25. Juli 306 in Eboracum (York). RE IV 1040, KP I 1290.

Constantius II. (Flavius Iulius C.), römischer Kaiser 337–361. Als Sohn → Konstantins des Großen und der Fausta am 7. Aug. 317 geboren und 324 zum Caesar erhoben, erhielt er bei der Reichsteilung 337 den Osten samt Thrakien, Vorderasien sowie Ägypten und damit die Aufgabe, in harten Kämpfen die Reichsgrenze gegen den Perserkönig Schapur II. zu schützen. Der Tod seiner Brüder → Konstantin II. 340 und → Constans 350 verschaffte ihm zwar die Alleinherrschaft, doch mußte er sie gegen die Usurpatoren → Magnentius und → Silvanus verteidigen. Nach einem mißglückten Versuch mit seinem Vetter → Gallus erhob er 355 zur Unterstützung dessen Halbbruder → Iulianus zum Caesar und überließ ihm den Schutz des Westens. Der durch eigenmächtige Ausrufung Julians zum Augustus (Paris 360) drohende Bürgerkrieg wurde durch Constantius' plötzlichen Tod (3. Nov. 361) vermieden. Als Alleinherrscher versuchte Constantius auf der Grundlage eines gemäßigten Arianismus (Synoden: 353 Arles, 355 Mailand, 357 Sirmium, 359 Ariminum) die kirchlich-religiöse und damit auch politische Einheit zu stärken. Auffallend ist seine starke Betonung der Herrscherstellung und der Regentenpflichten; mit dem Ausbau des Hofzeremoniells und gewissen theokratischen Tendenzen weist er bereits auf das byzantinische Kaisertum. RE IV 1044, KP I 1290.

Constantius III. (Flavius C.), weströmischer Kaiser 421, war zu Naissos (Nisch) geboren und diente sich als ausgezeichneter Militär seit → Theodosius I. empor. Heermeister im Westen, gewann er großen Einfluß auf den unbedeutenden → Honorius, der ihn angesichts seiner Erfolge über Usurpatoren wie Westgoten durch die Vermählung mit seiner Schwester Galla Placidia (417), mehrere Konsulate und die freilich vom Osten nicht anerkannte Erhebung zum Augustus (8. Febr. 421) auszeichnete. Sein baldiger Tod (2. Sept. 421) zerstörte die an ihn geknüpften Hoffnungen für das Westreich. RE IV 1099, KP I 1292.

Crispus (Flavius Iulius C.), Caesar 317–326, war der älteste Sohn → Konstantins des Großen und der Konkubine Minervina, wurde 317 zum Caesar mit Residenz in Trier erhoben und bekämpfte Franken und Alamannen. Im Krieg seines Vaters gegen → Licinius führte er die Flotte. Er wurde 326 unerlaubter Beziehungen zu seiner Stiefmutter Fausta bezichtigt und auf Konstantins Befehl in Pola vergiftet. Bald danach mußte auch Fausta sterben. RE IV 1722.

Dalmatius (Flavius D.), Caesar 335–337. Sohn des gleichnamigen Stiefbruders → Konstantins I., wurde er in Narbo von dem Rhetor Exsuperius unterrichtet und am 18. Sept. 335 zum Caesar mit dem künftigen Herrschaftsbereich Thrakien, Makedonien und Achaia erhoben. Konstantin I. wollte damit – offenbar in Anlehnung an → Diokletian – im Falle seines Todes neben den Regierungsgebieten seiner Söhne → Konstantin II., → Constantius II. und → Constans einen vierten Reichsteil schaffen, doch wurde Dalmatius vom Heere abgelehnt und nach dem Tode Konstantins I. zusammen mit seinem Vater und anderen männlichen Mitgliedern des konstantinischen Hauses ermordet (337). RE IV 2456, KP I 1368.

Decentius (Magnus D.), Caesar 350–353 (Usurpator). Sein Vetter (Bruder?) → Magnentius erhob ihn Ende 350 in Mailand zum Caesar und übertrug ihm den Schutz der Rheingrenze. Nach schweren Mißerfolgen beging er auf die Nachricht vom Tode des Magnentius am 18. Aug. 353 Selbstmord in Sens. RE IV 2268, KP I 1407.

Decius (Gaius Messius Quintus Traianus D.), römischer Kaiser 249–251, eröffnet die Reihe der sogenannten pannonisch-illyrischen (Soldaten-)Kaiser. Geboren um 195 zu Budalia (?) in Unterpannonien, Senator, seit 234 Legat von Moesia, 249 praefectus urbi, dux Moesiae et Pannoniae, wurde er Juni 249 wider seinen Willen gegen → Philippus Arabs zum Kaiser ausgerufen, fiel nach dessen Besiegung aber schon Mitte 251 samt seinem älteren Sohne → Herennius im Kampf mit den Goten bei Abrittus (Dobrudscha). Sein jüngerer Sohn und Mitherrscher → Hostilianus regierte noch kurze Zeit. Die beiden Gegenkaiser → Iulius Valens und → Lucius Priscus wurden von Decius rasch beseitigt. Er war als überzeugter Vertreter und Erneuerer altrömischer Tradition, der «Grundlage des Imperiums», ein scharfer Gegner des sich namentlich in den Großstädten ausweitenden Christentums und verfügte, vermutlich auch von der christenfeindlichen Einstellung seiner pannonischen Truppen bestimmt, eine allgemeine, tiefgreifende Verfolgung. RE XV 1244, KP I 1411.

Didius Iulianus (Marcus D. Severus I.), römischer Kaiser 193, wurde 133 (137?) in Mailand geboren und durchlief eine lange Ämterreihe bis zum Prokonsulat von Afrika (189/90). Nach Ermordung des → Pertinax wurde der reiche Aristokrat von den «gekauften» Prätorianern am 28. März 193 zum Kaiser ausgerufen und vom Senat anerkannt; von den Provinzheeren jedoch abgelehnt, erlag er schon am 1. Juni 193 dem anrückenden «Rächer» → Septimius Severus. RE V 412, KP II 8.

Diokletian (Gaius Valerius Diocles, als Kaiser: Gaius Aurelius Valerius Diocletianus), römischer Kaiser 284–305. In ihm gipfelt der Aufstieg des «illyrischen Kaisertums». Um 240 in Dalmatien als Sohn einfacher Eltern geboren, wurde er unter → Numerianus Befehlshaber der Leibwache und nach dessen Tod vom Heer zum Kaiser ausgerufen (17. Sept. 284). Die Ermordung des → Carinus machte ihn zum Alleinherrscher. Im Rahmen einer umfassenden Reichsreform suchte er den andauernden Revolten und Kaisermorden durch allmähliche Einrichtung eines Kaiserkollegiums zu begegnen, dessen vier Mitglieder, je zwei Augusti und Caesares (Tetrarchie), durch Adoption und Heiraten weiblicher Verwandter eng verbunden, regionale, nicht streng voneinander abgegrenzte Aufgaben erhielten; da die letzte Entscheidung bei Diokletian lag, bedeutete dies keine Reichsteilung. Für die Zukunft war an gleichzeitiges Abtreten der Augusti und Nachrücken der Caesares gedacht (s. Maximianus, Galerius, Constantius Chlorus!). Die Majestät der Regenten schützte ein stark ausgebildetes Zeremoniell. Um der wirtschaftlichen und finanziellen Misere abzuhelfen, wurde mit Hilfe eines umfangreichen Beamtenapparats ein einheitliches, Produktion wie Arbeitskraft ausbeutendes, hartes Steuersystem geschaffen und die Pflichtigen in bestimmte Berufsgruppen zwangsweise eingegliedert. Gleichzeitig wurde zur Hintanhaltung steigender Preise und bedrohlicher Geldentwertung eine Höchstpreisverordnung erlassen (301). Zur Intensivierung und Dezentralisierung der Verwaltung wurden Zivil- und Militärwesen streng getrennt, die Zahl der verkleinerten Provinzen auf rund hundert erhöht und dieselben in zwölf «Diözesen» unter je einem «Vikar» zusammengefaßt. Dies alles erforderte natürlich eine stete Vermehrung und Aufgliederung des Beamtenstandes, der bald zu einer erheblichen finanziellen Belastung des Staates führte und – trotz Überwachung und gegenseitiger Bespitzelung – vielfältiger Korruption

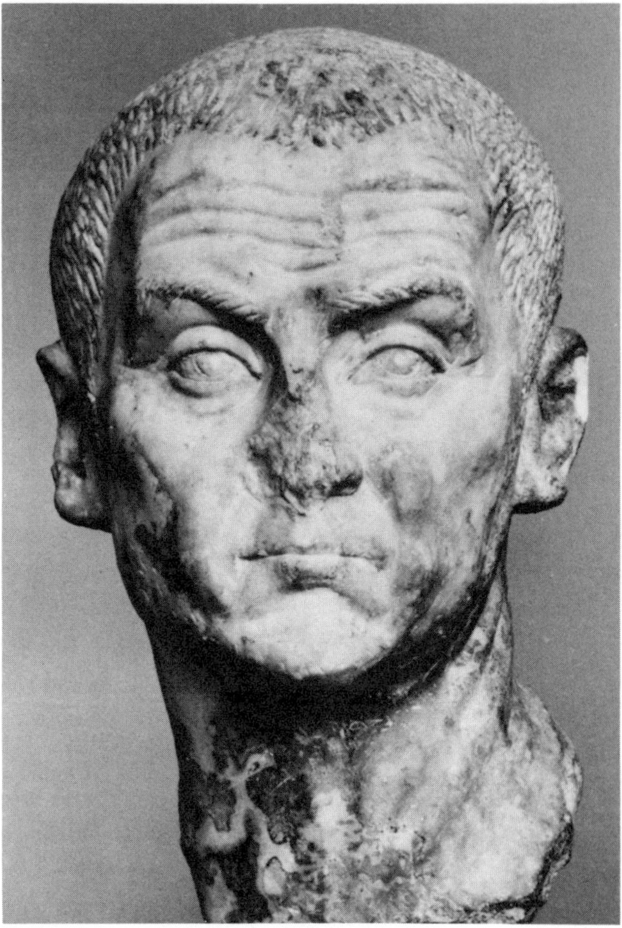

Diokletian 284–305

erlag. Durch Verdoppelung der – allerdings verkleinerten – Legionen auf siebzig konnte nunmehr jede Grenzprovinz mit je zwei solcher Einheiten unter einem «dux» belegt werden; eine mobile Armeereserve aus Elitetruppen (comitatenses) bildete das Rückgrat der Reichsverteidigung. Diokletians Reform ist im wesentlichen Ausbau, Institutionalisierung und Systematisierung dessen, was zuvor unter dem Zwang der Not Improvisation und Versuch gewesen war. Damit war der spätantike Zwangsstaat geschaffen, der nur unter Einsatz des gesamten Leistungsvermögens des einzelnen den wachsenden Bedrohungen noch ein Jahrhundert widerstehen konnte. Mit seinen Hilfsmitteln wurden bis 296 folgende militärische Aufgaben gelöst: 287–292 Sicherung der Rheinlinie gegen Franken und Alamannen, 292/93 Befriedung Ägyptens, 297 Rückgewinnung Britanniens, 298 Grenzverbesserung gegen Persien unter gleichzeitiger Anerkennung der römischen Oberhoheit über Armenien. Der Versuch, auch auf religiösem Gebiet das Reich im Sinne der Tradition zu festigen, mißlang hingegen trotz aller Anstrengungen: Die christliche Kirche litt wohl schwer unter den Verfolgungsedikten seit 303, ihr Widerstand aber war nicht mehr zu brechen. Am 1. Mai 305 legte Diokletian zusammen mit Maximian sein Kaiseramt zugunsten der nun zu Augusti aufsteigenden Caesares nieder, um sich auf seinen Ruhesitz zu Salonae (Split) zurückzuziehen, wo er – nur noch einmal (Carnuntum 308) in die Politik eingreifend – den Zusammenbruch der allzu künstlichen tetrarchischen Ordnung zugunsten dynastischen Denkens miterlebte. Er starb um 316. RE VII A 2419, KP II 36.

Domitian (Titus Flavius Domitianus), römischer Kaiser 81–96. Geboren 51 als jüngster Sohn → Vespasians und der Flavia Domitilla, geriet er 69 während der Kriegshandlungen in Rom in Lebensgefahr, führte aber dann nach dem Sieg seiner Partei bis zur Ankunft des Vaters (Sommer 70) das Amt eines praetor urbanus. Auffallende Zurücksetzung bis zum Tode seines Bruders → Titus, dem er am 14. Sept. 81 nachfolgte, dürfte seine autokratischen Neigungen verstärkt haben. Sie äußerten sich u. a. in Ämterkumulation, in Forderung oder Duldung gesteigerter Ehren, in der Verwendung der Formel «dominus et deus». Das Pathos seines von hellenistischen Vorstellungen mitbestimmten Anspruchs erweckte in der Senatsaristokratie, aber auch bei Stoikern und Kynikern wachsende Opposition, die sich u. a. im Aufstand des → Antoninus Saturninus Luft machte. Am 18. Sept. 96 erlag Domitian zu Rom einem Komplott seiner nächsten Umgebung, der Senat sprach die damnatio memoriae aus. Nach Besiegung der Chatten (83) konnte er die römischen Stellungen in der Wetterau und von der Schwäbischen Alb zur Neckarlinie vorschieben. Harte, wechselvolle, aber letztlich erfolgreiche Kämpfe mit Dakern und Sarmaten an der unteren Donau schufen die Voraussetzung für → Trajans Expansionspolitik in diesen Gebieten, machten aber den Abbruch des Krieges in Britannien und die Rückberufung des bis Schottland vorgedrungenen Feldherrn Agricola notwendig. Gestützt und geschätzt von Heer und Volk, denen er besondere Zuwendungen gewährte, drängte er den Einfluß des Senates planmäßig zurück. Die streng kontrollierte Reichsverwaltung gewann ihm die Sympathie der Provinzialen. Majestätsprozesse und Delatorenunwesen, dazu Philosophenvertreibungen vergifteten jedoch immer wieder die Atmosphäre, so daß dem von der (senatorischen!) Geschichtsschreibung verunglimpften Kaiser späterhin auch eine – kaum nachweisbare – Christenverfolgung angelastet wurde. RE VI 2541, KP II 122.

Domitianus. Römischer Usurpator 271. 261 als Feldherr des → Aureolus gegen den Usurpator → Macrianus tätig, stand Domitianus zu Beginn der Regierung des → Aurelianus in Gallien und ließ sich dort um 271 zum Gegenkaiser ausrufen, wurde aber bald getötet. RE V 1311, KP II 125.

Domitius Alexander (Lucius D. A.). Usurpator 308–311. Pannonischer Herkunft, erhob er sich als vicarius in Afrika gegen → Maxentius, als er diesem seinen Sohn als Geisel stellen sollte, wurde aber – nach schweren Verwüstungen in seinem Herrschaftsbereich – besiegt und getötet (311). RE I 1445.

Domitian 81–96

Domitius Domitianus (Lucius D. D.), Usurpator in Ägypten 296/97. Vermutlich identisch mit dem Usurpator → Achilleus, welchen «gewöhnlichen» Namen er mit dem klangvolleren Domitius Domitianus vertauscht haben dürfte, als er (September?) 296 den Purpur nahm. Vor April 297 eroberte → Diokletian Alexandria und ließ den Aufrührer töten. RE V 1312, KP I 50.

Elagabal (ursprünglich Varius Avitus, als Kaiser: Marcus Aurelius Antoninus), römischer Kaiser 218–222, gehörte als Enkel (geboren 204) der Iulia Maesa, der Schwägerin des → Septimius Severus, mütterlicherseits zu dessen Haus. Seit 217 war er Priester des Elagabal von Emesa (= Gott des Berges, weithin als Sonnengott verehrt, daher volksetymologisch auch: Heliogabal). Iulia Maesa gab ihn als Sohn des → Caracalla aus und gewann die syrischen Legionen, die ihn im Frühjahr 218 zum Kaiser ausriefen. Nach Vernichtung seines Vorgängers → Macrinus versuchte der Kaiser-Priester, seinen Gott zum Reichsgott zu machen, erbaute ihm Tempel in Rom und führte dort seine Kultriten ein. Was bei Elagabal persönlicher religiöser Überzeugung entsprang, wurde später in universaler Gestalt politisch durchdacht und gewann als Sonnenkult größte Bedeutung. Elagabals Unreife und anstößige Lebensweise gefährdeten die Dynastie; er wurde der Wut der Soldaten geopfert und samt seiner Mutter Soaemias am 11. März 222 in Rom erschlagen. Nachfolger wurde sein Vetter, der jugendliche → Severus Alexander, den er 221 adoptieren und zum Caesar hatte erheben lassen müssen. RE VIII A 391, KP II 230.

Eugenius (Flavius E.), Usurpator 392–394. Professor der Rhetorik in Rom und befreundet mit Symmachus, dem bedeutendsten Vertreter der traditionsbewußten, heidnischen Stadtaristokratie, wurde er nach Ermordung → Valentinians II. am 22. Aug. 392 in Gallien durch den (fränkischen!) Heermeister Arbogast zum Kaiser ausgerufen. → Theodosius I. verweigerte «dem christlichen Exponenten heidnischer Reaktion» die Mitregentschaft und schlug am Frigidus (Wippach) den Gegner in einer von beiden Seiten als Gottesgericht angesehenen Schlacht. Eugenius wurde gefangen und von Soldaten ermordet (6. Sept. 394). RE II 417, KP II 413.

Firmus, Usurpator 372–374. Der gebürtige Maure und dux Mauretaniae ließ sich, um den Folgen einer Mordanklage zu entgehen, 372 zum Kaiser ausrufen und gewann bald großen Anhang in Afrika, namentlich bei den Mauren und Donatisten. Nach mehrjährigem Kampf gegen den Heermeister Theodosius – den Vater → Theodosius' I. – unterlegen, beging er in Gefangenschaft Selbstmord (374/75). RE V 2383, KP II 555.

Florianus (Marcus Annius F.), römischer Kaiser 276. Er kämpfte als praefectus praetorio seines Bruders → Tacitus gegen die Goten in Kleinasien und machte sich nach dessen Tod selbst zum Kaiser, wurde aber schon nach etwa drei Monaten (Juni 276) bei Kriegsvorbereitungen gegen den vom Ostheer aufgestellten → Probus in Tarsos von Soldaten ermordet. RE I 2266.

Galba (Servius Sulpicius G.), römischer Kaiser 68/69. Am 24. Dez. 3 v. Chr. bei Terracina geboren, leitete der vornehme Patrizier nach einer ehrenvollen, vom Kaiserhaus geförderten Laufbahn seit 60 die Provinz Hispania Tarraconensis, wo er sich Anfang April 68 als «Legat des Senates und des römischen Volkes» von → Nero lossagte. Nach dessen Ächtung am 8. Juni 68 vom Senat zum Kaiser ernannt, vermochte der als geizig und streng empfundene alte Mann sich in Rom nicht durchzusetzen und wurde nach Abfall der Rheinarmee (→ Vitellius) und Erhebung → Othos am 15. Jan. 69 von Prätorianern auf dem Forum Romanum erschlagen. Die am 10. Jan. 69 in höchster Not vollzogene Adoption des Calpurnius Frugi Licinianus und seine Ernennung zum Caesar blieben wirkungslos, leiteten aber das «Adoptivkaisertum» ein. RE IV A 772, KP II 670.

Galerius (Gaius G. Valerius Maximianus), römischer Kaiser 305–311, wurde 250 in Illyrien geboren und nach Aufstieg im Kriegsdienst am 1. März 293 von → Diokletian zum Caesar erhoben, adoptiert und mit dessen Tochter Valeria vermählt. Mitglied der Tetrarchie, verwaltete er von Sirmium aus den Donauraum vom Inn bis zum Schwarzen Meer und schützte ihn in erfolgreichen Abwehrkämpfen. Er eroberte mit Unterstützung Diokletians Armenien und Mesopotamien bis Ktesiphon, was den Perserkönig Narsees zum Verzichtfrieden von 298 zwang. Als grundsätzlicher Gegner des Christentums führte er die ab 303 erlassenen Edikte auch nach seiner «Beförderung» zum Augustus (1. Mai 305) streng durch, gestützt von den neuen Caesares → Severus und – seinem Neffen – → Maximinus Daia. Die Usurpationen → Konstantins des Großen 306 und des → Maxentius 307 erschütterten die in Carnuntum 308 nur mühsam erneuerte Tetrarchie, die sich mit Galerius' Tod (Mai 311 in Nikomedia) auflöste. Schritt für Schritt mußte der tapfere, aber allzu unbeugsame Mann vor der Entwicklung zurückweichen und auf dem Totenbett den aussichtslos gewordenen Kampf gegen das Christentum durch ein Toleranzedikt abbrechen (April 311). RE XIV 2516, KP III 1108.

Gallienus (Publius Licinius Egnatius G.), römischer Kaiser 253–268, wurde um 218 bei Mailand geboren und vermutlich Mitte 253 von seinem Vater → Valerianus zum Mitregenten bestellt. 254 übernahm er, während Valerianus gegen die Perser zog, den Schutz der Rhein- und Donaulinie, die zeitweise unter dem Ansturm der über

Gallien bis Spanien und über die Alpen bis Italien vordringenden Germanen zusammenbrach. Er bestellte nacheinander seine Söhne → Valerianus den Jüngeren und → Saloninus zu Caesaren, konnte aber nicht verhindern, daß zur gleichen Zeit (259/60), da er selbst in schwerste Abwehrkämpfe an der mittleren Donau verstrickt war und sein Vater in die Gefangenschaft der Perser geriet, → Postumus sich zum Herrscher eines gallischen Sonderreichs aufschwang und in dieser Stellung behauptete; → Odaenathus von Palmyra tat einen ähnlichen Schritt, ohne jedoch die formelle Unterordnung unter Gallienus aufzugeben. Obschon bis zum Regierungsende immer wieder Usurpationen (→ Ingenuus, Regalianus, Macrianus, Quietus, Aemilianus) unterdrückt werden mußten, waren bis 263 Ordnung und Sicherheit im Reiche wieder einigermaßen zurückgewonnen. Gallienus erreichte dies vor allem durch eine grundlegende Reform des römischen Heerwesens, wo neben eine stark vermehrte Legionsreiterei selbständige Kavallerieverbände als Eingreifreserve traten, in denen vornehmlich Mauren und Illyrer dienten. Diese Formationen und das Kommando über sie gestattete den bislang wenig hervortretenden Illyrern den Aufstieg in die führenden Schichten bis zum Kaiserthron (→ Diokletian). Senatoren wurden grundsätzlich von militärischen Führerstellungen ausgeschlossen. Gallienus war ein gebildeter Mann und mit Plotin, dem Schöpfer des soge-

Gallienus 253–268

nannten Neuplatonismus, befreundet, kein Wunder, wenn unter ihm den stürmischen, drangvollen Verhältnissen zum Trotz ein gewisser Späthellenismus aufblühte. Im Christentum scheint er, der Freund der Mysterienreligionen, keine besondere Gefahr gesehen zu haben und erließ entsprechende (um 260) Toleranzedikte. Im Kampf gegen den Usurpator → Aureolus, seinen langjährigen Feldherrn, fand der verdienstvolle Kaiser 268 vor Mailand durch eine Verschwörung illyrischer Generale den Tod. Die Chronologie seiner Regierung ist infolge unsicherer Quellenlage in vielem noch umstritten. RE XIII 350, KP III 684.

Gallus (Flavius Claudius Constantius G.), Caesar 351–354. Als Halbbruder des → Iulianus Apostata und Vetter → Constantius' II. wurde der 325/26 geborene Gallus sorgfältig erzogen, mit Konstantins I. Tochter Constantia vermählt und 351 zum Caesar für den Osten mit Residenz in Antiochia bestellt, machte sich aber durch Übergriffe verdächtig und verhaßt, worauf ihn der mißtrauische Constantius II. nach dem Westen lockte und in Flanona (Istrien) hinrichten ließ. RE IV 1094.

Geta (Publius Septimius G.), römischer Kaiser 211/12. 189 als Sohn des → Septimius Severus und der Iulia Domna geboren und 198 zum Caesar und 209 zum Augustus ernannt, übernahm er nach dem Tode des Vaters (4. Febr. 211) zusammen mit dem Bruder → Caracalla die Herrschaft. Eine offenbar geplante Samtherrschaft lehnte Caracalla ab und ließ Geta am 26. Febr. 212 ermorden. RE II A 1565, KP II 786.

Glycerius. Weströmischer Kaiser 473/74, war unter → Olybrius comes domesticorum und nahm auf Veranlassung Gundobads, des Neffen Ricimers, am 3. März 473 zu Ravenna den Purpur. Von Ostrom nicht anerkannt, ergab er sich kampflos einer von → Leo I. mit dem neuen Thronprätendenten → Nepos entsandten Streitmacht und ließ sich zum Bischof von Salona weihen. Als solcher soll er an der Ermordung des Nepos 480 beteiligt gewesen sein. RE VII 1467, KP II 821.

Gordianus I. (Marcus Antonius G. Sempronianus), römischer Kaiser 238, aus vornehmem, stadtrömischem Geschlecht und um 159 geboren, bekleidete 238 das Prokonsulat in Afrika und wurde dort als Exponent feudaler Opposition wider seinen Willen zum Kaiser gegen → Maximinus Thrax erhoben (19. März 238). Am 2. April 238 von Senat und Volk anerkannt, beging er schon März/April 238 nach der Niederlage seines Sohnes und Mitherrschers → Gordianus II. Selbstmord. RE I 2628, KP II 845.

Gordianus II. (Marcus Antonius G. Sempronianus), römischer Kaiser 238. Sohn → Gordianus' I. und um 192 geboren, wurde er von diesem (März 238) zum Mitherrscher bestellt und von Rom (2. April 238) anerkannt, verlor aber schon Ende März 238 Schlacht und Leben gegen den Statthalter von Numidien Capellianus, der → Maximinus Thrax treu blieb. RE I 2631, KP II 845.

Gordianus III. (Marcus Antonius G.), römischer Kaiser 238–244, wurde 225 als Schwestersohn des → Gordianus II. geboren, auf Verlangen des Volkes unter → Pupienus und → Balbinus März 238 zum Caesar erhoben und nach deren Ermordung von den Prätorianern zum Augustus gemacht (9. Juli 238). Wegen seiner Minderjährigkeit führten hohe Beamte die Regierung, seit 241 sein Schwiegervater, der praefectus praetorio Timesitheus, dessen Nachfolger im Amt, → Philippus Arabs, den jungen Kaiser auf einem sehr erfolgreichen Feldzug gegen Schapur I. (ab 241) bei Dura-Europos am Euphrat ermorden ließ (Februar/März 244). RE I 2619, KP II 845.

Gratian (Flavius Gratianus), römischer Kaiser 367–383, geboren 359 als Sohn → Valentinians I., wurde am 24. Aug. 367 als Augustus ausgerufen und übernahm 375 mit Residenz in Trier die Herrschaft über den Westen. Unter dem Einfluß seines feingebildeten Lehrers, des Dichters und Professors für Grammatik und Rhetorik, Ausonius, zunächst senatsfreundlich, ließ er sich durch Ambrosius zu heidenfeindlichen Maßnahmen (u. a. Entfernung des Victoria-Altars aus der Kurie) bestimmen und berief auch – nach der Katastrophe des → Valens bei Adrianopel 378 – den «orthodoxen» → Theodosius I. 379 zum Mitregenten im Osten. Trotz erfolgreicher Abwehrkämpfe gegen Alamannen und Westgoten erlag er durch Meuterei seiner Truppen 383 dem Usurpator → Maximus. RE VII 1831, KP II 870.

Gratianus. Weströmischer Usurpator 407. Der gebürtige Britanne wurde unter dem Eindruck des Zusammenbruchs der Rheinlinie (406/07) von den britannischen Truppen auf den Thron erhoben, jedoch bereits nach 4 Monaten beseitigt. Seine Nachfolge trat – mit besserem, wenn auch nur kurzlebigem Erfolg – → Konstantin III. an. RE VII 1840.

Hadrian (Publius Aelius Hadrianus), römischer Kaiser 117–138, wurde am 24. Jan. 76 in der Kolonie Italica (Spanien) geboren und unter der Vormundschaft des entfernt verwandten → Trajan sowie des Acilius Attianus in Rom erzogen. Nach ehrenvoller militärisch-ziviler Laufbahn bekleidete er 111/12 ein Archontat in Athen, seit 116 (?) die Statthalterschaft von Syrien und wurde auf etwas undurchsichtige Weise vom sterbenden Trajan am 8. Aug. 117 in Antiochia adoptiert und zum Nachfolger bestimmt. Der schwierige Regierungsbeginn war von Donativen an die Truppen, Zugeständnissen an den Senat, prächtigen Spielen für das Volk und einem Schuldenerlaß zu Lasten der Staatskasse, aber auch von harten Strafen gelegentlich der «Verschwörung der vier Konsulare» gekennzeichnet. In nüchterner Abwägung der Mittel verzichtete Hadrian auf die Expansionspolitik und den Großteil der Eroberungen seines Vorgängers (Assyrien, Mesopotamien, Armenien) und beschränkte sich auf die Behauptung und den Ausbau des Erreichten, z. B. durch Verstärkung der Limesanlagen in Britannien und Germanien. Auf zwei ausgedehnten Rundreisen inspizierte er fast sämtliche Reichsprovinzen. Das bedeutendste Kriegsereignis der im ganzen friedlichen Regierung war die blutige Unterdrückung des letzten großen Aufstandsversuchs der Juden unter Barkochba (132–135). Seine Innenpolitik erstrebte den Ausbau des Beamtenapparates sowie die sachliche und humane Entwicklung der Rechtssprechung, die in der Kodifikation des Prätorischen Rechts durch Salvius Iulianus («edictum perpetuum») eine feste Grundlage erhielt. Das Heer wurde verstärkt, die Prinzipatsverwaltung mehr und mehr den Rittern übertragen, das Consilium principis zur Dauereinrichtung gemacht. Seine großartige, das ganze Reichsgebiet umfassende Bautätigkeit kam besonders Rom (Pantheon, Villa Hadriani, Engelsburg) und Athen (Hadriansstadt, Olympieion, Bibliothek) zugute; in romantischer Vorliebe für Vergangenes bemühte sich Hadrian als begeisterter Philhellene um die Neuerweckung und Pflege des Griechentums. Seine unruhige, spannungs- und empfindungsreiche Persönlichkeit mit ihrer Fülle von Interessen schuf die Voraussetzung für die Blüte der italisch-hellenistischen Doppelkultur des 2. Jahrhun-

Hadrian 117–138

derts. Nach Regelung der Nachfolge mit Hilfe mehrfacher Adoptionen (→ Antoninus Pius, Stammbaum der Antonine) starb er nach langwierigem Krebsleiden am 10. Juli 138 zu Baiae. RE I 493, KP II 907.

Hannibalianus (Flavius H.), «König», etwa ab 335–337. Bruder des → Dalmatius, wurde er mit diesem zusammen in Narbo durch den Rhetor Exsuperius unterrichtet. → Konstantin I. vermählte ihm seine Tochter Constantia und ernannte ihn zum «König» (rex regum et Ponticarum gentium). Vermutlich war er dazu ausersehen, das Perserreich, mit dessen Eroberung sich Konstantin I. gegen Ende seiner Regierung trug, als Sekundogenitur des römischen Kaiserhauses zu beherrschen, wurde aber vom Heere abgelehnt und nach Konstantins I. Tod zusammen mit seinem Bruder und anderen männlichen Mitgliedern des konstantinischen Hauses ermordet (337). RE VII 2352.

Herennius (Quintus H. Etruscus Messius Decius), römischer Kaiser 251, der ältere Sohn des → Decius, 250 zum Caesar, Mai 251 zum Augustus erhoben, fand mit seinem Vater, gegen die Goten kämpfend, in der Schlacht von Abrittus (Mitte 251) den Tod. RE XV 1284, KP I 1411.

Heraclianus. Weströmischer Usurpator 413. Nach der Ermordung Stilichos (408) wurde er zum comes Africae bestellt und wegen seiner 409/10 zu Honorius bewiesenen Treue mit dem Konsulat (413) belohnt. Er ließ sich im Frühjahr 413 gegen diesen zum Kaiser erheben, erlitt aber nach seiner Landung in Italien (Sommer 413) bei Utricoli eine entscheidende Niederlage, worauf er in Karthago ums Leben kam. RE VIII 405, KP II 1032.

Honorius (Flavius H.), weströmischer Kaiser 393–423, geboren am 9. Sept. 384 als jüngerer Sohn → Theodosius' I. und mit dem älteren Bruder → Arcadius am 23. Jan. 393 zum Augustus erhoben, erhielt noch vor dem Tod des Vaters (395) unter der Leitung des Reichsfeldherrn, des Vandalen Stilicho, die Regierung des Westreiches. Er war offenbar eine schwache, von «Beratern» abhängige Natur und überließ den Kampf mit den Germanen, der in der großen Invasion 406 über die Rheinlinie hinweg bis Spanien und in der Einnahme Roms durch den Westgotenkönig Alarich I. (24. Aug. 410) den Höhepunkt erreichte, seinen Feldherren, namentlich Stilicho und dem späteren Mitregenten → Constantius III., der Usurpatoren wie → Konstantin III. und → Iovinus beseitigte und die sich bildenden Föderatenstaaten (Westgoten, Burgunder) im Reichsverband erhielt. Constantius' III. rascher Tod und Honorius' Zerwürfnis mit seiner Schwester Galla Placidia verschärften wieder die allgemeine Krise des Westreichs, die Honorius trotz starren Festhaltens an der Legitimität schließlich nicht mehr bannen konnte. Er starb – kinderlos – am 15. Aug. 423 in seiner Residenz Ravenna. RE VIII 2277, KP III 1212.

Hostilianus (Gaius Valens H. Messius Quintus), römischer

Kaiser 251, der jüngere Sohn des → Decius, 250 zum Caesar, Mai 251 zum Augustus erhoben, wurde nach des Vaters Tod – wohl mit Rücksicht auf dessen zahlreiche Anhänger – unter Beibehaltung seiner Würde von → Trebonianus Gallus adoptiert und zum Mitregenten angenommen, starb aber Ende 251 an der Pest. RE XV 1285, KP II 1236.

Ingenuus. Römischer Usurpator 260, wurde als Statthalter Pannoniens von den Donaulegionen in Sirmium zum Gegenkaiser des → Gallienus ausgerufen, bald aber von → Aureolus bei Mursa besiegt. Er kam auf der Flucht um. RE IX 1552, KP II 1410.

Iohannes. Weströmischer Usurpator 423–425, wurde als hoher Beamter nach dem Tod des → Honorius im Dezember 423 von Senat und Heer zum Augustus des Westens ausgerufen, jedoch vom Osten nicht anerkannt. Truppen → Theodosius' II., die Galla Placidia und ihren Sohn → Valentinian III. nach Ravenna zurückführten, besiegten ihn nach kurzer, verdienstvoller Regierung, worauf er in Aquileia schmachvoll hingerichtet wurde. RE IX 1745, KP II 1429.

Iotapianus. Römischer Usurpator 248/49, erhob sich, vermutlich wegen des Steuerdrucks, in Syrien gegen → Philippus Arabs, fand aber noch zu dessen Lebzeiten oder bald hernach (Herbst 249) den Tod. RE IX 2004, KP II 1444.

Iovianus (Flavius I.), römischer Kaiser 363/64, geboren um 331 in Singidunum, wurde als primicerius domesticorum unmittelbar nach → Iulianus' Tod (26. Juni 363) im Heerlager zum Augustus gewählt und mußte mit Schapur II. einen ungünstigen Frieden schließen. Er bemühte sich nicht ohne Geschick, die Ordnung im Reiche zu wahren und tolerant zwischen Christen und Heiden auszugleichen. Nach Bestellung seines minderjährigen Sohnes Varronianus zum Mitregenten starb er überraschend auf dem Wege nach Konstantinopel am 17. Febr. 364. RE IX 2006, KP II 1444.

Iovinus. Weströmischer Usurpator 411–413 (?), ein gebürtiger Gallier, wurde durch den Alanen Goar und den Burgunder Gunthiarius veranlaßt, in Mundiacum den Purpur zu nehmen, fand auch Anerkennung in weiten Teilen Galliens und Britanniens, wurde aber, als er mit Germanenvölkern gegen Arelate zog, vom Westgotenkönig Athaulf besiegt und 412/13 durch den praefectus praetorio Dardanus getötet. RE IX 2012, KP II 1444.

Iulianus Apostata (Flavius Claudius I.), römischer Kaiser (355) 361–363, wurde Ende 331 in Konstantinopel als Sohn des Iulius Constantius und Neffe → Konstantins des Großen geboren und nach des Vaters Ermordung (337) im Auftrag seines Vetters Constantius II. von bedeutenden Lehrern wie Libanios und Maximos von Tyros sorgfältig erzogen und in die klassische Welt sowie den Neuplatonismus eingeführt, dessen Sonnenkult er – äußerlich noch Christ – ab 351 anhing. Das ihm nach dem Tod seines Stiefbruders → Gallus unter Erhebung zum Caesar (6. Nov. 355) übertragene Kommando in Gallien – mit Paris als Residenz – ließ ihn zum Feldherrn reifen und gipfelte im Sieg über die Alamannen bei Straßburg (357). Als der stets mißtrauische → Constantius II. ihm Kontingente für den Perserkrieg abforderte und so seine Stellung zu schwächen versuchte, riefen ihn die meuternden Truppen zum Augustus aus (Paris, Februar 360). 361 stieß Iulianus, zum Entscheidungskampf entschlossen, bis Nisch vor, konnte aber, von seinem sterbenden Vetter zum Nachfolger designiert, kampflos im Dezember 361 als Alleinherrscher in Konstantinopel einziehen. Trotz anfänglicher Toleranz stand seine Innenpolitik im Zeichen heidnischer Reaktion, die unter Zurückdrängung des Christentums letztlich eine heidnische «Staatskirche» nach christlichem Vorbild anstrebte. Heftiger Widerstand der Christen, besonders im Osten (Antiochia), veranlaßten den an sich humanen Herrscher schließlich zu harten Maßnahmen. Als Iulianus im Frühjahr 363 gegen die Perser bis Ktesiphon vordrang und bei einem Rückzugsgefecht am 26. Juni 363 tödlich verwundet wurde, war der Mißerfolg seines Restaurationsversuches besiegelt; der römische Staat und die christliche Kirche blieben unlösbar verbunden. Im Verdammungsurteil der Sieger lebte Iulianus als der «Abtrünnige» (= Apostata) fort. Sein umfangreiches, vielgestaltiges literarisches Werk läßt ihn als kenntnisreichen, sensiblen und von redlichem Wollen erfüllten Menschen erkennen. Heute noch ist er Gegenstand lebhafter wissenschaftlicher Erörterung. RE X 26, KP II 1514.

Iulianus (Marcus Aurelius I. Sabinus). Corrector Venetiae et Histriae, erhob er sich nach dem Tode des Kaisers → Carus um die Jahreswende 283/84 gegen → Carinus und fand Anerkennung in Pannonien, wurde aber von Carinus auf seinem Zuge gegen → Diokletian, wahrscheinlich Ende 284, bei Verona besiegt und getötet. RE X 24, KP II 1514.

Iulius Sabinus. Usurpator, um 70, war ein vornehmer Lingone und einer der Führer des gallischen Aufstandes 70. Er legte sich als angeblicher Nachkomme des Diktators Julius Caesar den Namen Caesar bei, veranlaßte sein Volk zum Abfall von Rom und traf sich mit anderen Verschworenen in Köln, um ein unabhängiges gallisch-germanisches Reich zu gründen. Besiegt floh er in ein unterirdisches Versteck und hielt sich dort mit seiner Frau neun Jahre verborgen; ein Zufall führte auf seine Spur, er wurde nach Rom gebracht und dort unter → Vespasian samt seiner Gattin hingerichtet (79). RE X 795.

Iustinianus I. (Flavius Petrus Sabbatius I.), oströmischer Kaiser 527–565, bäuerlicher Herkunft und 482 zu Tauresium bei Skopje geboren, wurde von seinem Onkel, dem späteren Kaiser Iustinus I., frühzeitig zu gründlicher

Ausbildung nach Konstantinopel geholt, zum Patricius und Befehlshaber der Hoftruppen ernannt und ob seiner Arbeitskraft und hervorragenden Begabung bald zu Regierungsaufgaben herangezogen. Mit seiner Gemahlin Theodora, einer früheren Schauspielerin und sehr klugen, tatkräftigen Frau, am 1. April 527 vom todkranken Iustinus zum Augustus (bzw. Augusta) erhoben, hat er (und seine 548 verstorbene Gattin) in langer Regierung einem ganzen Zeitalter das Gepräge gegeben. *Außenpolitisch* strebte er neben der Sicherung der Nord- und Ostgrenze die Rückeroberung des Westreiches an, die durch die Einigung mit dem Papst 519 vorbereitet (Verzicht auf das sogenannte Henotikon von 482 zugunsten der «römischen» Richtung»), obschon unter schwersten Opfern, zum Teil gelang: In raschem Anlauf eroberte sein Feldherr Belisar 533/34 das innerlich geschwächte Vandalenreich Gelimers und drang im Kampf gegen die Ostgoten 540 über Rom bis Ravenna vor. Von Norden her die ungeschützte Donaugrenze überquerende Slawen, Hunnen und Avaren sowie der Neuausbruch des Perserkrieges 540, zu dessen Beginn Chosroes I. Antiochia zerstörte, erzwangen in Italien eine Defensivpause, während der das Ostgotenreich unter dem tatkräftigen Totila wieder erstarkte. Erst Narses konnte durch die Siege (552) über Totila bei Tadinae und seinen Nachfolger Teja am Vesuv den geschlossenen Widerstand brechen. Italien und Afrika wurden der

Iustinianus I. 527–565

byzantinischen Verwaltung unterstellt, 552 auch einige Teile Südostspaniens dem Westgotenreich genommen. Schon ab 568 gingen mit dem Einfall der Langobarden weite Teile Italiens wieder verloren, während die Donaugrenze durchbrochen blieb und der Perserkrieg 562 wohl mit der Behauptung Lazikas am Schwarzen Meer, jedoch unter Erhöhung der Tributzahlungen endete. Auf dem *innenpolitischen*, dem ureigenen Gebiet des Kaisers, der niemals das Weichbild von Konstantinopel verließ, galt sein vorzüglichstes Bemühen der Stärkung seiner Gewalt, was zu verschiedenen Revolten, namentlich dem im Blut erstickten Nika-Aufstand 532, führte. Der Ordnung des Rechtswesens diente das mit Hilfe des großen Juristen Tribonian ab 529 publizierte Corpus iuris nebst Kommentar und Einführung. Der Einheit des Rechts sollte die Einheit des Glaubens entsprechen. Persönlich fromm wie seine Gemahlin, bemühte sich daher Iustinianus, durch Bekämpfung des Arianertums und der heidnischen Reste (529 Schließung der Akademie in Athen) sowie durch Privilegierung der Geistlichen die orthodoxe Kirche zu fördern, zwang ihr aber zugleich auch seinen Willen auf. Indessen ließen sich nach wie vor die Monophysiten im Südosten des Reiches nicht für das Chalkedonense gewinnen, so daß sich nach dem Scheitern der auf dem (fünften ökumenischen) Konzil in Konstantinopel (555) angestrebten Einigung im byzantischen Reiche zwei häretische Nationalkirchen, in

Syrien und Ägypten, bildeten. Ein gewaltiger *Bauherr*, hat Iustinianus zahllose Befestigungen, öffentlichen Zwecken dienende Nutz- und Prunkanlagen ausführen lassen, insbesondere auch Kirchen, und damit nicht zuletzt der Kunst Auftrieb gegeben. Die Stiftermosaiken der Kirche San Vitale zu Ravenna sind das großartigste Denkmal der Flächenkunst, das wir von antiker Herrscherrepräsentation besitzen, seine Hagia Sophia in Konstantinopel die Krönung des antiken und Vorbild des islamischen Gewölbebaus. Als letzter Kaiser hat Iustinian sich planmäßig um die räumliche Wiederherstellung des alten Imperium Romanum bemüht und durch Betonung des Römischen in Glauben, Rechtswesen, Verwaltung und auch Kunst eine neue Einheit zu schaffen versucht. Er hat dabei großartige, zum Teil bis in die Gegenwart nachwirkende Leistungen erzielt und sich als eine hervorragende Herrscherpersönlichkeit erwiesen, zugleich aber auch, wie schon sein Geschichtsschreiber Prokop rügt, die Kräfte des Reiches weit überfordert und den unausbleiblichen Zusammenbruch des innerlich veralteten Systems vorbereitet. Mit seinem Tod endet das römische Kaisertum und beginnt sich – unter schweren Erschütterungen – der ostwärts orientierte, eigentliche byzantinische Staat zu entwickeln. So schließt mit ihm auch die im vorliegenden Lexikon zusammengefaßte römische Kaiserreihe. KP III 19.

Iustinus I. Oströmischer Kaiser 518–527, wurde um 450 in

Bederiana, nahe dem heutigen Skopje, als Sohn eines Bauern geboren, blieb ohne höhere Ausbildung, war aber klug und tatkräftig und diente sich in der Garde bis zum comes excubitorum empor. Nach → Anastasius' I. Tod bestieg er am 10. Juli 518 den Thron. Durch Verständigung mit Papst Hormisdas (519) arbeitete er der Westpolitik seines Neffen → Iustinianus I. vor, dem er bedeutenden Einfluß auf die Regierung gönnte und kurz vor seinem Tode (1. Aug. 527) die Augustuswürde verlieh. RE X 1314, KP III 21.

Konstantin I. der Große (Flavius Valerius Constantinus), römischer Kaiser 306–337, wurde um 280 als Sohn des → Constantius I. Chlorus und der Helena zu Naissus (Nisch) geboren, lebte in der Jugend am Hofe → Diokletians und floh, da bei der Erneuerung der Tetrarchie übergangen, 305 zu seinem Vater in den Westen, wo er nach dessen Tod am 25. Juli 306 in Eboracum (York) durch das Heer zum Augustus ausgerufen wurde und zunächst Britannien und Gallien übernahm. Bald (28. Okt. 306) folgte → Maxentius seinem Beispiel und ließ sich in Rom zum Augustus ausrufen. Die Kaiserkonferenz von Carnuntum (308) versagte beiden die Augustuswürde und bestellte → Licinius zum Augustus des Westens. Nach dem Tod des «Oberkaisers» → Galerius 311 griff Konstantin, der sich inzwischen Spaniens bemächtigt hatte (310), mit Billigung des Licinius den Maxentius an, der an der Milvischen Brücke (28. Okt. 312) vor den Toren Roms Schlacht und Leben verlor. Ursprünglich dem Schutzgott Hercules, dann dem Sol Invictus huldigend, soll Konstantin nach christlicher Überlieferung sich vor jener Schlacht dem Gott der Christen zugewandt haben, jedenfalls unterstützte er von nun an das Christentum, obschon das im Februar 313 in Mailand mit Licinius gemeinsam erlassene Edikt nur paritätische Duldung für Christen und Heiden vorsah. Schon bald geriet Konstantin durch sein Eingreifen in innerkirchliche Gegensätze wie den Streit zwischen Donatisten und «katholischer» Kirche in Afrika in beträchtliche Schwierigkeiten, was ihn aber nicht hinderte, die Großkirche mit immer neuen Privilegien auszustatten und immer stärker in die Staatsorganisation einzufügen. Der mehr heidenfreundliche Kurs des «Ostkaisers» Licinius führte neben anderen Gründen zum entscheidenden Waffengang 324 und Sieg Konstantins bei Chrysopolis, der ihn zum Alleinherrscher des Reiches machte. In dieser Stellung hat Konstantin die Verfassung, Verwaltung und Verteidigung größtenteils nach → Diokletians Richtlinien weitergeführt: Der Absolutismus und das Hofzeremoniell wurden gesteigert, der Kronrat endgültig konstituiert, vier praefecti praetorio als oberste Instanzen über die Verwaltung des viergeteilten Reiches gesetzt, Feldarmee und Grenztruppe (limitanei) streng getrennt und Germanen zahlreich in Dienst genommen und bis zu den höchsten Rängen zugelassen. Staatlicher Zwang band die Kolonen an die Scholle, die Stadtbewohner an Berufsvereinigungen oder Verwaltungsfunktionen und lähmte vielfach das Wirtschaftsleben; doch wurde im Solidus eine wertbeständige Goldwährung geschaffen. Nach Hinrichtung des Sohnes → Crispus und der Gemahlin Fausta (326) wurden in gewisser Neuaufnahme von Gedanken der Tetrarchie, nur jetzt mit Wendung ins Dynastische, die drei Söhne der Fausta und der Neffe Dalmatius als Nachfolger ins Auge gefaßt. Um diese Zeit begann auch der Ausbau von Byzanz zur Kaiserstadt, zum «neuen Rom», das unter dem Namen Konstantinopolis 330 eingeweiht, dank günstigerer Lage das «alte Rom» mählich verdrängte und das zunehmende Übergewicht des hellenistischen Ostens deutlich machte. Um den von dem alexandrinischen Presbyter Arius ausgehenden Streit über das Wesen des Logos beizulegen, berief Konstantin 325 ein ökumenisches Konzil (das erste) nach Nicaea, auf dem Arius verurteilt und seine Lehre verworfen wurde; eine wirkliche Aussöhnung zwischen den Glaubensrichtungen, auf die es Konstantin um der Einheit des Reiches willen besonders ankam, war freilich letzten Endes nicht zu erreichen, zumal in dem alexandrinischen Patriarchen Athanasius dem Kaisertum ein unbeugsamer Vorkämpfer kirchlicher Autono-

Konstantin I. der Große 306–337

mie erwuchs. Die grundsätzlich christenfreundliche, über «theologisches Gezänk» etwas leicht hinweggehende Denkweise des Herrschers erfuhr durch all dies keine Erschütterung: Er führte sein Haus dem neuen Glauben zu, hielt Freundschaft mit dem gelehrten Bischof Eusebius von Caesarea, gewährte christlichen Anschauungen Eingang in seine Gesetze und ließ vielerorts großartige Kirchen errichten, namentlich in Jerusalem, Rom und Konstantinopel, wo er in der Apostelkirche – nach einer Taufe auf dem Totenbett – 337 beigesetzt wurde. Geschichtliche Überlieferung und Legende haben den in irdischen Dingen ziemlich unbedenklichen Kaiser bald zum Vorbild des christlichen Herrschers gemacht. RE IV 1013, KP I 1286.

Konstantin II. (Flavius Claudius Constantinus), römischer Kaiser 337–340, wurde um 316 zu Arles als Sohn Konstantins I. und der Fausta (?) geboren; 317 zum Caesar und 337 zusammen mit seinen beiden Brüdern → Constantius II. und → Constans zum Augustus erhoben, erhielt er die gallische Präfektur mit Gallien, Britannien und Spanien unterstellt und residierte in Trier. Er versuchte, gegenüber seinem jüngsten Bruder Constans eine Art Vormundschaft auszuüben, und fand im Kampf gegen diesen 340 den Tod. RE IV 1026, KP I 1289.

Konstantin III. (Flavius Claudius Constantinus), weströmischer Usurpator 407–411, wurde – nach dem großen Germaneneinbruch 406 in Gallien – als gewöhnlicher

Soldat 407 von den britischen Truppen zum Augustus erhoben und beherrschte zeitweise Britannien, Gallien und Spanien, bemühte sich aber vergeblich um eine eindeutige Anerkennung durch den Hof in Ravenna. Bei Arles 411 durch → Honorius' Feldherrn, den späteren Kaiser → Constantius III., besiegt und gefangengenommen, endet er durch das Schwert (411). RE IV 1028, KP I 1289.

Leo I. Oströmischer Kaiser 457–474. Geborener Thraker, diente er sich als Soldat empor und wurde auf Betreiben des allmächtigen Reichsfeldherrn Aspar, der als Germane und Arianer selbst den Thron nicht besteigen konnte, am 7. Febr. 457 zum Augustus proklamiert. Als erster Herrscher wurde er durch den Patriarchen von Konstantinopel gekrönt. Der bedeutende, streng orthodoxe Kaiser stürzte mit Hilfe von Isauriern 471 Aspar und dessen bereits zum Caesar erhobenen Sohn Patricius und beseitigte dadurch im Osten die Gefahr einer germanischen Vorherrschaft, doch erlitt er bei seinen Eingriffen ins Westreich – 467 Entsendung des → Anthemius, 474 Designation des → Nepos – Mißerfolge. Der Großangriff auf Geiserich und das Vandalenreich (468) endete infolge der Unfähigkeit des → Basiliskos in einer Katastrophe und schwächte für längere Zeit die Finanzkraft Ostroms. RE XII 1947, KP III 561.

Leo II. Oströmischer Kaiser 474. Der minderjährige Enkel

→ Leos I. und Sohn → Zenos unterstand während seiner kaum einjährigen Regierung der väterlichen Vormundschaft. RE XII 1947, KP III 562.

Leontius. Oströmischer Usurpator 483–488. Einfacher Herkunft, erreichte er als Militär das Patriziat und wurde durch Kaiserin Verina gegen → Zeno 483 zum Kaiser erhoben, doch vermochte er sich in Antiochia nur kurz zu behaupten und wurde nach vierjähriger Belagerung in einer isaurischen Bergfestung mit seinem Helfer Illus enthauptet. RE Suppl. VIII 939.

Libius Severus. Weströmischer Kaiser 461–465, geboren in Lukanien und gestorben am 14. Nov. 465 in Rom. Er wurde ohne Zustimmung → Leos I. durch Ricimer am 19. Nov. 461 in Ravenna zum Augustus ausgerufen und vom römischen Senat bestätigt. An Stelle des frommen, unbedeutenden Kaisers herrschte tatsächlich Ricimer, der ihn vermutlich vergiften ließ. RE II A 2006, KP V 153.

Licinianus (Valerius L. Licinius), Caesar 317–324, geboren 315 als vermutlich außerehelicher Sohn des Kaisers → Licinius, später legitimiert. Er wurde am 1. März 317 zum Caesar erhoben, verlor durch die Niederlage seines Vaters 324 seine Würde und wurde möglicherweise schon 326 getötet. Nach anderer Version wurde er 336 in den Sklavenstand «zurückversetzt» und in die kaiserliche Weberei zu Karthago eingewiesen und bald darauf beseitigt. RE XIII 231, PLRE I 509.

Licinius (Valerius Licinianus L.), römischer Kaiser 308–324.

Der um 250 geborene Illyrer diente als Offizier erfolgreich unter → Galerius und wurde in Carnuntum (11. Nov. 308) unmittelbar zum Augustus mit der Aufgabe erhoben, → Maxentius zu bekämpfen. Zunächst auf Pannonien und Raetien beschränkt, hoffte er, in die Stelle des → Galerius einzurücken und auch den stark mit Christen durchsetzten Machtbereich des → Maximinus Daia noch zu gewinnen. Er schlug daher eine mehr christenfreundliche Richtung ein, konnte aber nach → Galerius' Tod 311 dessen Reichsteil nur bis zum Hellespont in Besitz nehmen, da sein östlicher Rivale bis ebendahin vorgestoßen war. So näherte sich Licinius dem → Konstantin I., sicherte sich in Mailand (Februar 313) dessen Rückendeckung und besiegte nunmehr Maximinus Daia bei Adrianopel (30. April 313), der bald darauf starb; seine Angehörigen ließ der brutale Sieger ermorden. Als Alleinherrscher des Ostens geriet Licinius sofort in Gegensatz zu Konstantin; dieser nahm ihm im ersten Waffengang die Balkanhalbinsel außer Thrakien (314) ab, zehn Jahre später zwang er Licinius, nachdem er dessen Stellung durch christenfreundliche Propaganda unterhöhlt hatte, durch zwei Siege (3. Juli 324 bei Adrianopel, 18. Sept. 324 bei Chrysopolis) zur Kapitulation. Licinius wurde schon 325 in seinem Verbannungsort Saloniki ermordet. RE XIII 222, KP III 639.

Macrianus (Titus Fulvius Iunius M.), Usurpator 260/61, war Sohn des M. Fulvius Macrianus und diente als tribunus militum unter → Valerianus. Zusammen mit seinem Bruder → Quietus wurde er, nachdem der Vater zugunsten seiner Söhne den Purpur abgelehnt hatte, auf Veranlassung des praefectus praetorio Valerians Ballista im September 260 im Orient zum Kaiser erhoben und fand Anerkennung dort wie auch in Ägypten, doch fielen er und sein Vater auf ihrem Zug nach Westen Ende 261 im Kampf gegen Truppen des → Gallienus. RE VII 253, KP II 634.

Macrinus (Marcus Opellius Severus M.), römischer Kaiser 217/18. Um 164 zu Caesarea in Mauretanien geboren und seit 212 praefectus praetorio → Caracallas, entschloß er sich aus Notwehr zu dessen Ermordung, worauf ihn die Soldaten am 11. April 217 zum Kaiser ausriefen. Trotz vorsichtiger Friedenspolitik im Osten – er schloß im Frühjahr 218 gegen hohe Entschädigung, jedoch unter Wahrung der Suprematie über Armenien, mit den Parthern ein Abkommen – konnte sich Macrinus gegenüber dem mächtigen Einfluß der Iulia Maesa und des severischen Hauses nicht behaupten. Das von ihr bestochene Heer vertrieb den auf Sparsamkeit und Disziplin bedachten Herrscher, der nach einer Niederlage (8. Juni 218) zusammen mit seinem minderjährigen, zuletzt noch zum Augustus erhobenen Sohn M. Opellius Antonius Diadumenianus ums Leben kam. Er war der erste römische Kaiser nichtsenatorischer (ritterlicher) Herkunft. RE XVIII 540, KP III 855.

Magnentius (Flavius Magnus M.), Usurpator 350–353. In Amiens geboren und barbarischer Herkunft, doch nicht ohne Bildung, nahm er am 18. Jan. 350 zu Augustodunum (Autun) den Purpur und fand nach Ermordung des → Constans in dessen Reichsteil Anerkennung, ausgenommen Illyrien, wo sich → Vetranio zum Kaiser ausrufen ließ, vermutlich um dieses Gebiet der konstantinischen Dynastie zu erhalten. Magnentius, selbst Heide und diplomatisch-organisatorisch begabt, bereitete mit drastischen Finanzmaßnahmen und Werbung unter den Heiden den Kampf gegen → Constantius II. vor, wurde aber am 28. Sept. 351 bei Mursa in Pannonien geschlagen und beging, schließlich von allen verlassen, im August 353 zu Lugdunum (Lyon) Selbstmord. Sein «Caesar» → Decentius folgte ihm alsbald in den Tod. RE XIV 445, KP III 882.

Maiorianus (Iulius M.), weströmischer Kaiser 457–461, entstammte einflußreicher Familie und wurde durch → Leo I. zum Heermeister ernannt, jedoch nach seiner Erhebung zum Augustus (1. April 457) nicht anerkannt. Als letzter Herrscher des Westreiches bemühte sich der fromme, traditionsbewußte Mann tatkräftig um innere Reformen (Steuerwesen) und Stärkung der Wehrmacht. Er wurde nach einem ungünstigen Friedensschluß mit den Vandalen (460) von seinem bisherigen «Gönner»

Ricimer abgesetzt und zu Dertona hingerichtet (2. Aug. 461). RE XIV 584, KP III 903.

Marcianus. Oströmischer Kaiser 450–457, geboren um 396 als Sohn eines Soldaten in Thrakien, stieg als tüchtiger Offizier im Dienste der germanischen Heermeister Ardubar und Aspar auf und wurde nach dem Tode → Theodosius' II. (450) und dem Erlöschen des östlichen Zweigs der theodosianischen Dynastie im Mannesstamme von dessen Schwester Pulcheria, die sich mit ihm vermählte, am 25. Aug. 450 in Gegenwart von Senat, Heer und Volk zum Augustus erhoben. Innenpolitisch versuchte der energische, aber human denkende Herrscher den Gegensatz zwischen Orthodoxie und Monophysitismus (Konzil von Chalkedon 451) auszugleichen. Außenpolitisch fällt in seine betont friedliche Regierung der Zusammenbruch des sehr bedrohlichen Hunnenreichs mit dem Tod Attilas (453). RE XIV 1514, KP III 995.

Marcus. Weströmischer Usurpator, wurde 406 von den Soldaten in Britannien zum Kaiser ausgerufen, aber schon 407 beseitigt. RE XIV 1644, KP III 1013.

Marcus. Oströmischer Kaiser 475/76, Sohn des → Basiliskos und der Zenonis, wurde 475 im Knabenalter zum Caesar und kurz danach zum Augustus erhoben, fand aber nach dem Sturze seines Vaters (476) mit diesem den Tod. RE III 101, KP III 1013.

Marcus Aurelius (Marcus A. Antoninus), römischer Kaiser

161–180, wurde am 26. April 121 in Rom als Sohn des Annius Verus und der Domitia Lucilla geboren und erhielt unter → Hadrians Aufsicht eine vorzügliche, vielseitige Erziehung. Auf dessen Geheiß (138) adoptierte ihn → Antoninus Pius als M. Aurelius Verus Caesar und vermählte ihm (145) seine Tochter Faustina. Als dessen Nachfolger trat nach vorausgehender beschränkter Teilnahme an Staatsgeschäften M. Aurel am 7. März 161 die Regierung an und erhob sogleich seinen Adoptivbruder → L. Aurelius Verus zum gleichberechtigten Mitkaiser (Samtherrschaft). Die Jahre bis zum Tode des Kaisers waren erfüllt von harten, durch eine verheerende Pest (ab 166) noch erschwerten Abwehrkämpfen im Osten wie an der Donau, welche den Einsatz aller Kräfte erforderten und nur dank der zähen Ausdauer des pflichtbewußten Herrschers durchgestanden werden konnten. Die geringe Zahl der Streitkräfte, ihre Verteilung über weitgedehnte Grenzen hin und das Fehlen von Eingreifreserven führten zu wiederholten tiefen Einbrüchen ins Reichsgebiet: So überrennen die Parther 162 die syrische Front und werden erst 165 im Gegenstoß bis Ktesiphon zurückgeworfen. Die 166 über Raetien und Noricum bis Oberitalien vorgedrungenen Markomannen räumen nur unter langwierigen Kämpfen bis etwa 170 die Gebiete südlich der Donau. 170 verwüsten Kostoboken große Teile Griechenlands, gleichzeitig erscheinen Bastarner in Kleinasien. Erst ab 171 begann die römische Offensive in den Raum von Böhmen und Mähren hinein und ließ die Schaffung zweier neuer Grenzprovinzen, Markomannia und Sarmatia, erwarten, als M. Aurel 175 zur Niederwerfung des → Avidius Cassius und einer Empörung in Ägypten nach dem Osten abberufen wurde. 178 brach ein zweiter Markomannenkrieg aus, über den der Herrscher im Feldlager bei Wien am 17. März 180 (Pest) starb. Sein Sohn → Commodus, seit 177 Mitregent, schloß sogleich Frieden und begnügte sich mit der durch starke Befestigungen geschützten Donaugrenze. Inmitten dieser Stürme erfuhr der Kaiser nicht die nötige Unterstützung seines bereits 169 verstorbenen Stiefbruders Verus. So beschränkte sich die *Innenpolitik* des feinsinnigen, in stoischem Gleichmut und Pflichtbewußtsein – s. seine griechisch abgefaßten «Selbstbetrachtungen» – wirkenden Herrschers auf Hilfsmaßnahmen. Bei sinkendem Geldwert, wirtschaftlichen Schwierigkeiten und abnehmender Bevölkerungszahl mußte kaiserliche Initiative mehr und mehr die bisherige «Freiwilligkeit und Selbstverantwortung der Bürgerschaft» ersetzen. Ein Reiterstandbild M. Aurels von 164–166 (jetzt im Kapitolmuseum) stand lange auf dem Kapitolplatz in Rom (s. Abb. S. 85). RE I 2279, KP III 1009.

Marius (Marcus Aurelius M.), Teilherrscher in Gallien um 268. Eine bei der dürftigen Überlieferung schwer faßbare Persönlichkeit; ursprünglich wohl Waffenschmied, scheint er nur ganz kurz regiert zu haben und dann

Marcus Aurelius 161–180

ermordet worden zu sein. Die Zahl der von ihm erhaltenen Münzen ist freilich nicht gering. RE II 2511.

Martinianus. Römischer Kaiser 324. Als magister officiorum (etwa «Hofminister») des → Licinius wurde er von diesem Ende Juli 324 zum Mitkaiser erhoben. Er sollte den Hellespont sichern, wurde aber zusammen mit Licinius am 18. Sept. 324 von → Konstantin I. bei Chrysopolis geschlagen, in Nikomedia belagert und nach der Übergabe nach Kappadokien verwiesen, wo er schon 325 gewaltsam endete. RE XIV 2016, KP III 1056.

Maxentius (Marcus Aurelius Valerius M.), römischer Kaiser 306–312, wurde um 280 als Sohn des → Maximianus geboren und 293 mit der Tochter des → Galerius vermählt, jedoch bei der Neubesetzung der Tetrarchie (1. Mai 305) übergangen. Er ließ sich daraufhin am 28. Okt. 306 von den Prätorianern in Rom zum Augustus ausrufen und konnte sich gegen → Severus, den er 307 gefangennahm und tötete, sowie gegen Galerius behaupten. Auch bei der Neuordnung in Carnuntum (308) fand er keine Aufnahme in die Tetrarchie, blieb aber zunächst in seiner Stellung unbehelligt. 310 verlor er Spanien an → Konstantin I. und unterlag ihm, nachdem er noch 311 den Aufstand des → L. Domitius Alexander in Afrika unterdrückt hatte, schließlich selbst an der Milvischen Brücke (28. Okt. 312). Auf der Flucht ertrank er im Tiber. Die Literaten des Konstantinischen Zeitalters haben das Bild des nationalstolzen, um Rom und Italien verdienten, dabei dem Christentum geneigten Mannes in das eines üblen Tyrannen verfälscht. RE XIV 2417, KP III 1103.

Maximianus (Marcus Aurelius Valerius M.), römischer Kaiser 286–305, etwa 240 bei Sirmium in Pannonien geboren und niederer Herkunft; begann seine Laufbahn als einfacher Soldat und wurde von seinem Jugendfreund → Diokletian 285 zum Caesar und am 1. April 286 zum Augustus bestellt. Ein tüchtiger Soldat und loyaler Mitarbeiter (Beiname «Herculius») des ihm überlegenen «Iovius» Diokletian, kämpfte er in seinem westlichen Herrschaftsbereich erfolgreich gegen die germanischen Grenzvölker und die aufständischen «Bagauden» (Landproletariat), gewann das abgefallene Britannien zurück (→ Carausius, Allectus) und führte auch die angeordnete Christenverfolgung durch. Er dankte 305 nur ungern zugunsten seines Adoptivsohnes und bisherigen Caesars → Constantius I. Chlorus ab und versuchte nach Erhebung seines Sohnes → Maxentius ab 306 eine Rückkehr in die Politik, die 310 mit Selbstmord endete. RE XIV 2486, KP III 1106.

Maximinus Daia (als Kaiser: Gaius Valerius Galerius M.), römischer Kaiser 309–313. Den in Illyrien geborenen und niedrigen Verhältnissen entstammenden Tribunen machte sein Onkel → Galerius am 1. Mai 305 zum Caesar mit dem Herrschaftsbereich Orient südlich des Taurus und Ägypten. Er wurde durch die Abmachungen in Carnuntum 308 in dieser Stellung bestätigt, setzte

309 seine Anerkennung als Augustus durch und nahm sofort nach dem Tod des Galerius 311 Kleinasien bis zum Hellespont in Besitz. Das gespannte Verhältnis zu → Licinius führte 313 zum offenen Krieg und zur Niederlage des Maximinus bei Adrianopel (30. April 313). Mit seinem Tod (Sommer 313) trat der letzte Christenverfolger der Diokletianischen Zeit ab; die damalige Geschichtsschreibung zeichnete ein entsprechend ungünstiges Bild von ihm. RE IV 1986, KP III 1111.

Maximinus Thrax (Gaius Iulius Verus M.), römischer Kaiser 235–238, wurde um 173 als Bauernsohn in Thrakien geboren und diente sich als tapferer Soldat in führende Stellen empor. Von → Severus Alexander 234 mit der Vorbereitung und Führung eines Alamannenkrieges betraut, wurde er nach dessen Ermordung März 235 von den Truppen zum Kaiser erhoben; er beendete den vornehmlich im Gebiet von Württemberg geführten Krieg und wandte sich 236/37 dem Schutz der Donaulinie gegen Sarmaten und Daker zu. In seinem Wesen ein «Soldatenkaiser», förderte er die Belange des Heeres und lenkte durch harten Steuerdruck den Haß der von ihm wenig geachteten «oberen Schicht» auf sich. Von der Nobilität ging denn auch die Empörung aus. Nach dem Untergang der Gegenkaiser → Gordianus I. und → Gordianus II. in Afrika erhob der Senat aus seiner Mitte → Pupienus und → Balbinus zu Kaisern. Maximinus endete mit seinem Sohne → Maximus am 10. Mai 238

Maximinus Thrax 235–238

bei der Belagerung Aquileias durch die Hand meuternder Soldaten. RE III 852, KP III 1111.

Maximus (Gaius Iulius Verus M.), Caesar 235–238, wurde von seinem Vater → Maximinus Thrax im Herbst 235 zum Caesar erhoben und teilte dessen Untergang. RE III 868, KP II 1537.

Maximus (Magnus M.), römischer Kaiser 383–388, war gebürtiger Spanier aus armer Familie und diente sich zum Oberbefehlshaber in Britannien empor, wo er im Frühjahr 383 von den Truppen zum Augustus ausgerufen wurde. Nach seinem Sieg über → Gratianus residierte er als Herr des Westens in Trier und scheint zeitweilig sogar von → Theodosius I. anerkannt worden zu sein. Er besetzte 387 überraschend Italien, wurde aber im Gegenschlag von Theodosius I. im Sommer 388 bei Aquileia besiegt und fiel der Wut der feindlichen Soldaten zum Opfer. Kurz danach fand sein Sohn, der in Gallien zurückgebliebene Caesar → Victor, ebenfalls den Tod. Familie und Anhänger der Toten wurden von Theodosius I. geschont. RE XIV 2546, KP III 1114.

Maximus. Weströmischer Usurpator, 409–411, 418–421, geboren zu Raphia (Südpalästina), wurde nach längerer Ämterlaufbahn von Gerontius, dem zeitweiligen Heermeister des Usurpators → Konstantin III., 409 zum Augustus erhoben und suchte nach dessen Untergang (411) Zuflucht in Spanien. Dort ließ ihn der Vandale Gundericus 418 abermals zum Kaiser ausrufen, doch fiel er bald in die Hände des → Honorius und wurde 422 zu Ravenna hingerichtet. KP III 1115.

Memor. Usurpator 263 (?) in Ägypten, wurde schon nach kurzer Zeit durch den Befehlshaber Aurelius Theodotus beseitigt, der bereits 262 im Auftrag des → Gallienus gegen Mussius → Aemilianus eingeschritten war. Seine Persönlichkeit ist kaum greifbar. RE XV 655.

Nepos (Iulius N.), weströmischer Kaiser 474/75 bzw. 480. 468 Heermeister in Dalmatien, wurde er im Frühjahr 474 von → Leo nach Italien entsandt, wo er seinen Vorgänger → Glycerius gefangennahm und am 20. Juni 474 zum Augustus proklamiert wurde. In Ravenna residierend, dehnte er seinen Einfluß bis nach Gallien aus und schloß unter Aufgabe des Arvernerlandes, des letzten römischen Besitzes südlich der Loire, mit dem Westgotenkönig Eurich (Frühjahr 475) Frieden. August 475 floh er vor dem Patricius Orestes in das ihm verbliebene Teilreich Dalmatien und wurde dort, weiterhin um eine Rückkehr nach Italien bemüht, 480 unter Mitwirkung (?) des Glycerius ermordet. RE XVI 2505, KP IV 63.

Nepotianus (Flavius Popilius Virius N.), Usurpator 350. Im Bewußtsein seiner Verwandtschaft mit dem regierenden Kaiserhaus (Sohn von Konstantins I. Halbschwester Eutropia) trat er 350 gegen den Usurpator → Magnentius auf, bemächtigte sich der Stadt Rom, ließ sich am 3. Mai 350 zum Kaiser ausrufen und endete nach kurzem Schreckensregiment samt Mutter am 30. Juni 350. RE XVI 2512, KP IV 63.

Nero (N. Claudius Caesar), römischer Kaiser 54–68, wurde 37 in Antium als L. Domitius, Sohn des Cn. Domitius Ahenobarbus und der Agrippina minor, geboren, 50 von → Claudius adoptiert, 53 mit dessen Tochter Octavia vermählt und konnte mit Hilfe seiner Mutter 54 den Thron besteigen. Seine ersten Regierungsjahre verrieten, dank dem Einfluß von Seneca und Burrus, betonte Anlehnung an augusteische Herrschaftsformen. Der künstlerisch nicht unbegabte junge Mann widmete sich – meist dilettantisch – der Musik, Dichtung, Malerei und Bildhauerkunst und betätigte sich auch als Kitharöde und Wagenlenker. Doch bald brach rücksichtsloser Unabhängigkeitsdrang durch: Er vergiftete (55) seinen Stiefbruder Britannicus, ermordete (59) seine Mutter und bereitete seiner Gattin Octavia – nach vorausgehender Scheidung und Verbannung – das gleiche Schicksal. Nach dem Tode des Burrus (62) und dem gleichzeitigen Rücktritt Senecas von den Regierungsgeschäften gewannen Neros praefecti praetorio, namentlich der üble Tigellinus, ganz die Oberhand. Schon beim großen Brand in Rom (64) begegnete Nero heftiger Feindschaft, doch wußte er den Vorwurf der Brandstiftung auf die Christen abzulenken, die in der Haupt-

Nero 54–68

stadt blutig verfolgt wurden und ihre Häupter Petrus und Paulus verloren. 65 mußte die Pisonische Verschwörung erstickt werden. Seine «Kunstreise» 66/67 nach Griechenland, während der er als Kitharöde, Wagenlenker und dergleichen 1808 Siegeskränze einheimste und der Provinz zum Dank Abgabenfreiheit und volle Selbstverwaltung gewährte, dazu weitere Verstöße gegen die römische Tradition und zahlreiche Verbrechen führten schließlich zur offenen Empörung: In Spanien erhob sich → Galba, in Afrika Clodius Macer, in Gallien Vindex (68) und zwangen nach Abfall der Garde und Ächtung durch den Senat den Gehetzten zum Freitod bei Rom (9. Juni 68). Ziemlich unberührt von den genannten Vorgängen behauptete sich Roms Machtstellung nach außen: Tüchtige Offiziere (z. B. Domitius Corbulo) unterdrückten den Aufstand in Britannien unter der Königin Boudicca (61), erhielten Armenien unter römischer Oberherrschaft (Krönung des Königs Tiridates in Rom 66) und dämmten – nach Rückschlägen – auch den seit 66 währenden Jüdischen Krieg ein. Das Bild des beim Volk nicht unbeliebten, von der römischen Opposition scharf gegeißelten und von Juden wie Christen zum großen Übeltäter gestempelten Mannes muß neben zweifellos verbrecherischen und krankhaften Zügen auch unter dem Gesichtspunkt des Wiederaufblühens der hellenistischen Welt und ihrer Spiele gesehen werden. Nach seinem Tode traten mehrfach falsche Nero auf und fanden Anhang. RE Suppl. III 349, KP IV 71.

Nerva (Marcus Cocceius N.), römischer Kaiser 96–98, um 30 in Narnia geboren und vornehmer Familie entstammend, dazu fein gebildet, genoß die Gunst → Neros und der flavischen Kaiser. Als «Mann des Senates» bestieg er nach → Domitians Ermordung am 16. Sept. 96 den Thron. Sein auf Wohlfahrt und Gerechtigkeit abgestelltes Programm versuchte durch Landverteilung, Erziehungsbeihilfen für bedürftige Kinder, verbesserte Getreideversorgung und Behebung der Finanzkrisen Wunden zu heilen. Auch setzte er die unter Domitian Verfolgten wieder in ihre Ehren ein, doch zwang ihn der Druck der seinem Vorgänger weiterhin ergebenen Armee, dessen Mörder hinrichten zu lassen und dicht vor seinem Tode (27. Jan. 98) das Haupt der Generalität, → Trajan, am 27. Okt. 97 zu adoptieren. RE IV 130, KP IV 75.

Numerianus (Marcus Aurelius Numerius N.), römischer Kaiser 283/84. Der jüngere Sohn des → Carus wurde von diesem 282 zum Caesar bestellt und am Perserkrieg beteiligt. Nach Carus' Tod mit seinem Bruder → Carinus zum Augustus erhoben, fand er auf dem Rückmarsch aus dem Osten, vermutlich durch seinen Schwiegervater, den praefectus praetorio Aper, einen gewaltsamen Tod (Herbst 284). RE II 2513, KP I 768.

Odaenathus (Septimius O.), Fürst von Palmyra in Syrien, übernahm in der durch → Valerianus' Gefangennahme

(259/60) an der Ostfront eingetretenen Krise den Grenzschutz des Reiches und wurde faktisch selbständig. Von → Gallienus mit dem Titel «corrector totius Orientis» ausgestattet, bekämpfte er die Perser und Usurpatoren → Macrianus und → Quietus und dehnte schließlich seine Herrschaft über Arabien, Mesopotamien, Syrien und Kilikien aus, wurde aber wahrscheinlich auf einem Feldzug gegen die in Kleinasien eingedrungenen Goten ermordet. Die Herrschaft übernahm (266/67) seine Gemahlin → Zenobia, die für ihren minderjährigen Sohn → Vaballathus regierte. (RE XVII 1880), KP IV 235.

Olybrius (Anicius O.), weströmischer Kaiser 472, entstammte vornehmer Familie, wurde 455 von Geiserich zusammen mit seiner Gattin Placidia, der Tochter → Valentinians III., aus Rom nach Karthago verschleppt und 462 nach Konstantinopel entlassen und galt seitdem als «Thronanwärter» der Vandalen. Er wurde nach der Ermordung des → Anthemius April 472 von den Truppen Ricimers vor Rom zum Augustus ausgerufen, starb aber schon am 2. Nov. 472, kurz nach Ricimer (18. Aug. 472). RE I 2207, KP I 355.

Otho (Marcus Salvius O.), römischer Kaiser 69, wurde 32 geboren und verwaltete, ein Freund → Neros, 58–68 Lusitanien, wo er sich 68 → Galbas Erhebung anschloß, diesen aber, da nicht von ihm adoptiert, am 15. Jan. 69 stürzte. Er gab sich als Erbe Neros, dessen Anhänger er förderte, und fand bei den Truppen Anerkennung, außer bei der Rheinarmee des → Vitellius, welche ihren Vormarsch auf die Hauptstadt fortsetzte. Bei Betriacum (Oberitalien) im wechselvollen Kampfe besiegt, beging er am 16. April 69 Selbstmord und erwarb sich dadurch eine gewisse, durch sein Leben nicht verdiente Bewunderung. RE I A 2035, KP IV 380.

Pacatianus (Tiberius Claudius Marinus P.), Usurpator 248, wurde von Truppen in Moesien und Pannonien zum Kaiser erhoben und wenig später ermordet. Aus Furcht vor Strafe machten seine Anhänger den gegen sie entsandten Feldherrn des → Philippus Arabs, → Decius, zum Augustus. RE III 2771.

Pertinax (Publius Helvius P.), römischer Kaiser 193. Geboren als Sohn eines Freigelassenen (1. Aug. 126) und hochverdienter Militär wie Verwaltungsmann, warf er den Aufstand des → Avidius Cassius nieder, bekleidete 188/89 das Prokonsulat von Afrika und stieg in seinem zweiten Konsulat zum Stadtpräfekten auf. Nach der Ermordung des → Commodus (1. Jan. 193) wurde er zum Kaiser ausgerufen. In Anlehnung an den Senat plante er umfassende Reformen und Sparmaßnahmen und wurde deshalb von enttäuschten Prätorianern am 28. März 193 ermordet. RE Suppl. III 895, KP IV 664.

Pescennius Niger (Gaius P. N. Iustus), römischer Gegenkaiser 193/94, wurde zwischen 135–140 geboren, gehörte dem Ritterstande an und wirkte seit 191 als Legat von Syrien. Nach der Ermordung des → Pertinax riefen ihn seine Truppen im April 193 in Antiochia zum Kaiser aus. Sein Heer wurde jedoch auf dem Vormarsch gegen Westen in Thrakien zur Umkehr nach Byzanz gezwungen und nach weiteren Niederlagen (194 bei Nicaea und Issos) von → Septimius Severus zersprengt. Vermutlich auf der Flucht zu dem ihm günstig gesinnten Partherkönig fand Pescennius im Oktober 194 den Tod, während sich das belagerte Byzanz noch ein volles Jahr hielt, dann aber grausamer Rache des Septimius Severus verfiel. RE XIX 1086, KP IV 666.

Petronius Maximus. Weströmischer Kaiser 455. Geboren 396 als Sproß einer vornehmen stadtrömischen Familie und bewährt in hohen Verwaltungsämtern, wurde er nach Ermordung → Valentinians III. als Haupt der Senatsaristokratie am 17. März 455 zum Augustus ausgerufen und zwang hierauf Valentinians Witwe Eudoxia zur Ehe. Ihre Tochter Eudokia vermählte er seinem zum Caesar bestellten Sohne Palladius. Als er vor dem Angriff der Vandalen aus Rom zu fliehen suchte, tötete ihn die erregte Bevölkerung (31. Mai 455). Die Stadt wurde anschließend von Geiserich geplündert, Eudoxia mit ihren beiden Töchtern in die Gefangenschaft abgeführt. RE XIV 2543, KP III 1113.

Philippus Arabs (Marcus Iulius Ph.), römischer Kaiser

244–249, wurde 198 als Sohn eines Araberscheichs in der Trachonitis geboren. Unter → Gordianus III. stieg er zum praefectus praetorio auf und veranlaßte während eines Perserfeldzuges dessen Ermordung (Februar 244), worauf er selbst zum Kaiser ausgerufen wurde. Er erhob nach sofortigem Friedensschluß mit den Persern seinen Sohn → M. Iulius Philippus zum Caesar und (247) Augustus und erlebte in der 1000-Jahr-Feier Roms (247) den Höhepunkt seiner Regierung, die aber gleichzeitig durch die Erhebung des → Iotapianus in Syrien und des → Pacatianus in Moesien erschüttert wurde. Auch → Uranius scheint sich bereits damals im Osten von Philippus losgesagt zu haben. Der gegen Pacatianus und die im Gefolge seiner Empörung über die Donau vorgedrungenen Goten entsandte → Decius ließ sich 249 zum Kaiser ausrufen und besiegte bei Verona (September 249) Philippus, der im Kampfe fiel. RE X 755, KP IV 753.

Philippus II. (Marcus Iulius Severus Ph.), römischer Kaiser 247–249, Sohn des Vorgenannten und um 237 geboren, wurde von seinem Vater 244 zum Caesar und 247 zum Augustus erhoben und fand bald nach dessen Tod im Prätorianerlager zu Rom den Untergang (Oktober 249). RE X 770, KP IV 754.

Postumus (Marcus Cassianius Latinius P.), gallischer Teilherrscher 259–268, war General unter → Gallienus und vielleicht Statthalter einer der germanischen Provinzen.

Während Gallienus den → Ingenuus bekämpfen mußte, ließ er sich zum Kaiser ausrufen und tötete bei der Einnahme Kölns den Gallienussohn → Saloninus. Obwohl mehrfach durch Gallienus besiegt, konnte er sich nicht nur behaupten, sondern auch die Rheingrenze schützen und seinem «Reich» Britannien und Spanien angliedern. Er bildete einen eigenen Senat, setzte Provinzstatthalter ein und reformierte das Wirtschaftsleben (Goldprägung). Unterstützt vom Usurpator → Aureolus, bedeutete er eine starke Bedrohung für Gallienus und Italien (268), fiel aber bald durch Mörderhand. Sein Teilreich überdauerte ihn. RE III 1656, KP IV 1588.

Priscus (Lucius P.), Usurpator 250. Der Statthalter von Mazedonien verteidigte 250 Philippopel so tapfer gegen die Goten, daß diese ihn nach Einnahme der Stadt zum Kaiser erhoben, um → Decius besser bekämpfen zu können. Schon bald wurde er ermordet. Münzen sind von ihm nicht erhalten. RE XXIII 5, KP IV 1144.

Probus (Marcus Aurelius P.), römischer Kaiser 276–282, wurde 232 in Sirmium als Sohn eines Soldaten geboren und bewährte sich mehrfach in hohen Offiziersstellen. Nach dem Tode des → Tacitus im April 276 von den Truppen zum Kaiser ausgerufen, fand er nach der Ermordung des → Florianus im Sommer 276 allgemeine Anerkennung. Mit fester Hand führte er das von → Aurelianus eingeleitete Befriedungswerk im wieder vereinigten Reiche fort, sicherte in harten Kämpfen die

Rhein- und Donaulinie sowie die Grenzen gegen die Perser und die Blemmyer (südliches Ägypten) und nahm viele Germanen als Soldaten oder Siedler auf. Sein strenges Regiment führte zu wiederholten Revolten (→ Saturninus, Bonosus, Proculus), schließlich zu seiner Ermordung (September 282) bei Sirmium durch unzufriedene Truppen, als er sich eben zu einem Perserfeldzug aufmachen wollte. RE II 2516, KP I 769.

Procopius. Usurpator 365/66. Geborener Kiliker, bekleidete er als Verwandter des → Iulianus verschiedene Ämter und ließ sich, indem er die allgemeine Mißstimmung gegen den neuen Herrscher → Valens nutzte, am 28. Sept. 365 in Konstantinopel zum Augustus ausrufen, wurde aber nach Anfangserfolgen bei Nacolea (Kleinasien) geschlagen, an Valens ausgeliefert und von diesem grausam hingerichtet (27. Mai 366). RE XXIII 252, KP IV 1164.

Proculus. Usurpator 281, Häuptling der Ingauni, schlug 280 eingebrochene Alamannen über den Rhein zurück und wurde auf Betreiben seiner Gattin Viturgia zum Augustus ausgerufen, jedoch von → Probus zusammen mit → Bonosus bei Köln besiegt und nach seiner Flucht zu den Franken den Römern zur Hinrichtung ausgeliefert (282) . RE XXIII 75, KP IV 1150.

Pupienus Maximus (Marcus Clodius P. M.), römischer Kaiser 238, wurde, obwohl einfacher Herkunft, doch Inhaber hoher Ämter, 238 vom Senat in vollständiger Kollegialität mit → Balbinus zum Kaiser bestellt. Er bekämpfte erfolgreich → Maximinus Thrax bei Verona, geriet aber schon im Juli 238 mit Balbinus in Gefangenschaft der Prätorianer, die beide ermordeten. RE IV 88, KP I 1229.

Quietus (Titus Fulvius Iunius Q.), Usurpator 260/61 und Bruder des → Macrianus, teilte weitgehend dessen Schicksal. Nach Macrianus' Tod fand er auf Betreiben des → Odaenathus Ende 261 in Emesa den Untergang. RE VII 257, KP II 635.

Quintillus (Marcus Aurelius Q.), römischer Kaiser 270. Er wurde nach dem Tode seines Bruders → Claudius Gothicus vom Senat als Nachfolger bestimmt und bis zur Ausrufung des Aurelianus (April 270), dem er kampflos wich, von den Heeren anerkannt. RE II 2462.

Regalianus (Publius Cornelius? R.), Usurpator 260, war Statthalter in Dakien, Moesien und Oberpannonien und wurde nach Besiegung des → Ingenuus 260 in Sirmium gegen → Gallienus zum Kaiser ausgerufen. Nach einem Sarmatensieg erlag er aber diesem noch im gleichen Jahr. RE I A 462, KP IV 1364.

Romulus Augustulus (R. Augustus), weströmischer Kaiser 475/76, wurde von seinem Vater Orestes in sehr jugendlichem Alter (daher «Augustulus») am 31. Okt. 475 an

Stelle des → Nepos zum Kaiser erhoben, jedoch vom Osten nicht anerkannt. Schon am 4. Sept. 476 setzte ihn der germanische Heerführer Odoaker ab und verwies ihn auf den Landsitz Lucullanum in Kampanien. Mit ihm endet die Reihe der weströmischen Kaiser, deren Aufgaben und Ansprüche – wenigstens nominell – Konstantinopel übernahm. RE I A 1105, KP II 1457.

Sabinianus, Usurpator, wahrscheinlich proconsul Africae, erhob sich 240 in Karthago gegen Kaiser → Gordianus III., wurde aber vom praeses der Provinz Mauretanien besiegt und von den eigenen Angehörigen ausgeliefert. RE I A 2 1585, KP IV 1483.

Saloninus (Publius Licinius Cornelius S.), Caesar 258/59, war der jüngere Sohn des → Gallienus und wurde von diesem an Stelle des verstorbenen älteren Bruders → Valerianus 258 zum Caesar erhoben und mit der Wache am Rhein betraut, aber schon 259 in Köln von → Postumus gefangengenommen und getötet. RE XIII 236, KP II 684.

Saturninus (Iulius S.), Usurpator 279/80. Als Statthalter von Syrien zum Wiederaufbau der erdbebenzerstörten Hauptstadt Antiochia eingesetzt, wurde er dort zum Kaiser ausgerufen und fand Anerkennung im ganzen Osten. Während ihn Truppen des → Probus zu Apamea belagerten, ermordeten ihn eigene Soldaten. RE II A 213, KP IV 1570.

Septimius, Usurpator, wurde um 271 in Dalmatia gegen → Aurelian zum Kaiser ausgerufen, bald aber durch seine eigenen Anhänger beseitigt. RE II A 2, 1560, PLRE I 821.

Septimius Severus (Lucius S. S. Pertinax), römischer Kaiser 193–211, wurde am 11. April 146 zu Leptis Magna geboren, vermählte sich in zweiter Ehe mit Iulia Domna, einer Syrerin aus Emesa, bekleidete zahlreiche hohe Ämter und ließ sich als Statthalter von Oberpannonien nach Ermordung des → Pertinax am 9. April 193 in Carnuntum zum Kaiser ausrufen. Als «Rächer» des Pertinax beseitigte er dessen Nachfolger → Didius Iulianus und erkannte zunächst → Clodius Albinus als Caesar an, um → Pescennius Niger, der in Antiochia den Purpur genommen hatte, vernichten (194) und die Dinge im Orient ordnen zu können. Am 1. Febr. 197 unterlag ihm Clodius Albinus bei Lugdunum, worauf er dem Angriff der Parther auf Nisibis (197) mit einem Gegenstoß bis Babylon und Ktesiphon begegnete und (199) Mesopotamien zur Provinz machte. Er begab sich mit seinen beiden Söhnen → Caracalla und → Geta 208 nach Britannien und starb dort nach Wiederherstellung des Hadrianswalles und inmitten neuer Rüstungen (gegen die Kaledonier) am 4. Febr. 211 in Eboracum (York). Ein ausgezeichneter Soldat, tatkräftig und zielbewußt, aber nicht frei von Grausamkeit, verwandelte er den Prinzipat zur Militärmonarchie hin. Die Soldaten wurden vielfach gefördert durch Solderhöhung, Verbesserung der Zivil-

Septimius Severus 193–211

versorgung und Erlaubnis der Ehe während der Dienstzeit. Außerdem wurden die Legionen vermehrt und auch Nichtrömern geöffnet. Überhaupt bemühte er sich, die Unterschiede zwischen Italien und den Provinzen auf rechtlichem, steuerlichem und wirtschaftlichem Gebiet auszugleichen. Das Finanzwesen erfuhr eine zentrale Neuordnung, der kaiserliche Besitz eine Trennung in Krongut und Privatvermögen, das Rechtsleben wesentliche Förderung durch den praefectus praetorio und großen Juristen Papinianus. Zahlreiche Konfiskationen und harte Verfolgungen politischer Gegner trübten das Verhältnis des an sich pflichtbewußten Herrschers gegenüber Senat und Volk; auch Christen und Juden fühlten seine strenge Hand. RE II A 1940, KP V 123.

Severus (Flavius Valerius S.), römischer Kaiser 306/07. Ein halbbarbarischer Soldat von niederer, illyrischer Herkunft, wurde er von → Constantius I. Chlorus adoptiert und am 1. Mai 305 in Mailand zu dessen Caesar mit dem Herrschaftsbereich Pannonien, Italien und Teilen Afrikas bestellt. Nach der Erhebung Konstantins I. zum Caesar verlieh ihm → Galerius 306 die Augustuswürde. Bei dem Versuch, 307 den inzwischen aufgetretenen Usurpator → Maxentius zu stürzen, ließen ihn seine Truppen im Stich; er ergab sich seinem Gegner in Ravenna und wurde von diesem nach kürzerer Internierung bei Tres Tabernae ermordet (Sommer 307). RE II A 2002, KP V 1114.

Severus Alexander (ursprünglich: Gessius Bassianus Alexianus; als Kaiser: Marcus Aurelius S. A.), römischer Kaiser 222–235. Geboren am 1. Okt. 208 zu Arca Caesarea in Phönizien und mütterlicherseits mit dem Severerhause verwandt, gelangte er nach → Elagabals Ermordung mit Hilfe der Iulia Mamaea (s. genealogische Tafel der Severer) am 13. März 222 auf den Thron. Die überspannte Religionspolitik des Vorgängers wurde aufgegeben und die Stellung des Senatorenstandes wieder gehoben, doch blieb das Verhältnis zu den Soldaten, namentlich den Prätorianern, welche den Juristen Ulpianus ermordeten, ziemlich unsicher. Der Machtanspruch der ehrgeizigen Mutter Iulia Mamaea bedeutete eine dauernde Belastung für den gutwilligen, etwas schwachen Regenten, der in seinen letzten Regierungsjahren sich zu einem harten Abwehrkrieg (232/33) gegen den an Stelle des Partherreiches 224 neugegründeten Perserstaat unter Ardaschir und ab 233 zu einer Abrechnung mit den Alamannen entschließen mußte. Die Unzufriedenheit im Heer kündigte sich schon länger durch Revolten und Meutereien an und führte schließlich zur Erhebung: → Maximinus Thrax wurde vor Beginn des Alamannenfeldzugs (März 235) zum Kaiser ausgerufen, Severus Alexander und seine Mutter fielen durch Soldatenhand in Bretzenheim bei Mainz. Mit dem Erlöschen der Severer endete für ein halbes Jahrhundert der dynastisch geprägte Prinzipat, um mit

→ Diokletian und → Konstantin I. neu zu erstehen. RE II 2526, KP I 769.

Silvanus. Usurpator 355, fränkischer Herkunft und wegen seines Parteiwechsels bei Mursa (351) in die höchste Generalität berufen, wurde von → Constantius II. nach Gallien zur Abwehr germanischer Eindringlinge entsandt; dort nahm er aus Furcht vor einem drohenden Hochverratsprozeß am 11. Aug. 355 in Köln den Purpur, fiel aber schon am 7. Sept. einem Komplott zum Opfer. RE III A 125, KP V 198.

Tacitus (Marcus Claudius T.), römischer Kaiser 275/76. Um 200 aus vornehmem Geschlecht in Interamna geboren, Italiker und princeps senatus, kam er nur ungern – während des Interregnums nach → Aurelianus' Tod im September 275 – dem Wunsche seiner Standesgenossen nach, die Kaiserwürde anzunehmen. Er kämpfte mit seinem Halbbruder, dem praefectus praetorio → Florianus, erfolgreich gegen die vom Schwarzen Meer her eingebrochenen Goten in Kilikien. Im Frühjahr 276 fand der bejahrte, wohlmeinende Herrscher zu Tyana oder in Pontus, vermutlich gewaltsam, den Tod. RE III 2872, KP V 493.

Tetricus (Gaius Pius Esuvius T.), gallischer Teilherrscher 270–273. Ebenso wie sein Vorgänger → Victorinus vornehmer gallischer Herkunft und mit diesem verwandt, verwaltete er unter ihm als Statthalter Aquitanien und wurde nach dessen Ermordung (270) von den Truppen zu Bordeaux zum Kaiser des Teilreiches erhoben. Er mußte sich 273 – womit die mehr als ein Jahrzehnt währende Sonderstellung Galliens endete – infolge innerer Schwierigkeiten dem → Aurelianus ergeben, der ihn schonte und später zum corrector Lucaniae bestellte. Er starb hochbetagt. RE VI 696, KP II 379.

Tetricus (Gaius Pius Esuvius T.), Sohn des Vorgenannten. Er wurde von seinem Vater zum Caesar (273) erhoben, später zum Mitherrscher angenommen und teilte dessen Sturz, doch fand er ebenfalls Schonung und bekleidete späterhin noch hohe senatorische Ämter. RE VI 704, KP II 380.

Theodosius I. (Flavius Th.), römischer Kaiser 379–395, am 11. Jan. 347 in Cauca (Nordwestspanien) geboren, entstammte reicher spanisch-römischer Familie. Nach dem Sturz und der Hinrichtung seines gleichnamigen Vaters (376), eines bewährten Heermeisters, zog er sich auf seine Güter zurück, bis ihn → Gratianus an Stelle des bei Adrianopel gefallenen → Valens am 19. Jan. 379 in Sirmium (Mitrovica) zum Augustus des Ostens erhob. Die drohende Gotengefahr bannte er fürs nächste durch Ansiedlung der bisherigen Gegner im Föderatenverhältnis, und zwar südlich der unteren Donau (Vertrag vom 3. Okt. 382). In der Kirchenpolitik brach der persönlich fromme Herrscher endgültig mit der arianischen Richtung zugunsten der Anhänger des Nicaenums, das für alle Untertanen als verbindlich erklärt wurde (Edikt vom 28. Febr. 380). Er verlieh den Beschlüssen des zweiten ökumenischen Konzils von Konstantinopel (Mai/Juli 381) Gesetzeskraft und begann, wenn auch zunächst noch mit gewisser Schonung, die häretischen und schismatischen Kirchen sowie das Heidentum systematisch zu bekämpfen, wobei ihn Ambrosius von Mailand bestärkte. Trotz der vielbesprochenen «Kirchenbuße» (390) ist Theodosius aber keine schwache Natur gewesen, sondern hat seine Autorität gegenüber den Bischöfen stets gewahrt. Sein Eintreten für das Christentum weckte natürlich die heidnische Opposition, namentlich des Westens, die sich um die Usurpatoren → Maximus und → Eugenius scharte, im Kampfe aber unterlag. Obwohl 394/95 – er starb zu Mailand am 17. Jan. 395 – für kurze Zeit Alleinherrscher über das Reich, hielt er doch, wie die Bestellung seines Sohnes → Arcadius für den Osten und → Honorius für den Westen beweist, an einer – verwaltungsmäßigen – Dyarchie fest, welche freilich bald zu Differenzen und zum endgültigen Auseinanderleben der Reichshälften führte. Im Rahmen des Möglichen hat Theodosius sich auch um innere Reformen (auf dem Gebiet des Rechts- und Wirtschaftslebens sowie im Steuerwesen) bemüht und als gebildeter Mann der Literatur und Kunst sein Interesse zugewandt. Er darf als der bedeutendste Kaiser des späten 4. Jahrhunderts bezeichnet werden, doch konnte er, den die dankbare Kirche den «Großen» nennt, die drohenden Katastrophen nur hinausschieben, nicht aber bannen. KP V 700.

Theodosius II. Oströmischer Kaiser 408–450. 401 als Sohn des → Arcadius und der Eudoxia in Konstantinopel geboren, wurde er schon am 10. Jan. 402 zum Augustus erhoben, blieb aber zeit seines Lebens unter dem starken Einfluß von «Vormündern», zunächst des praefectus praetorio Anthemius, dann seiner Schwester Pulcheria und endlich seiner Gemahlin Eudokia. Das Ostreich war in dieser Epoche in Kämpfe mit den Persern, vor allem aber mit dem bedrohlich anwachsenden Hunnenreich verwickelt, das seit 430 hohe Jahrestribute erpreßte. Während die theodosianische Dynastie in Italien erfolgreich gestützt werden konnte (→ Iohannes, Valentinian III.), ging Afrika an die Vandalen und damit auch die Alleinherrschaft der Römer im Mittelmeer verloren. Ein Meilenstein der Rechtsgeschichte ist die Publikation des Codex Theodosianus (438) mit allen gültigen Kaisererlassen seit 312, der auch für den Westen galt. Damals wurde die Landmauer zum Schutze Konstantinopels aufgeführt und die dortige Hochschule neu organisiert. Der kirchlichen Spannungen vermochte Theodosius trotz zweier Konzilien (Ephesus 431 und 449) und sonstiger Bemühungen nicht Herr zu werden. Im wesentlichen lag die Bedeutung seiner Regierung in der Aufrechterhaltung eines dynastisch-legitimistischen Prin-

Tiberius = Stief-
Chr. erobern die
das Alpenvorland
Limes, 3. Auflage
3. Absatz

mann unter seinem Stiefvater → Augustus empor: 23 Quästor, 16 Prätor, 13 Konsul. Er eroberte zusammen mit seinem Bruder Drusus 15 das Gebiet der Vindeliker und sicherte in Kämpfen gegen Pannonier und Dalmater 12–10 die Gebiete bis zur mittleren Donau. Nach erfolgreicher Tätigkeit in Germanien 9–7 (Elbgrenze) trat eine zeitweilige Entfremdung – «Studienaufenthalt» von 6 v. Chr. bis 2 n. Chr. auf Rhodos – zu Augustus ein, der ihn zwang, seine Tochter Iulia zu ehelichen (11 v. Chr.) und zugunsten ihrer beiden Söhne aus der Ehe mit Agrippa, C. und L. Caesar, als vorgesehenen Thronerben zurückzutreten. Nach deren Tod wurde er am 26. Juni 4 n. Chr. von Augustus mit der Auflage adoptiert, seinerseits Germanicus an Sohnesstatt anzunehmen; er erhielt weiterhin die tribunizische Gewalt für zehn Jahre. Einem Vorstoß bis zur Elbe (4–5 n. Chr.) folgte der Versuch, Marbods Reich in Böhmen und Mähren zu zertrümmern, der aber durch den Ausbruch eines gefähr-

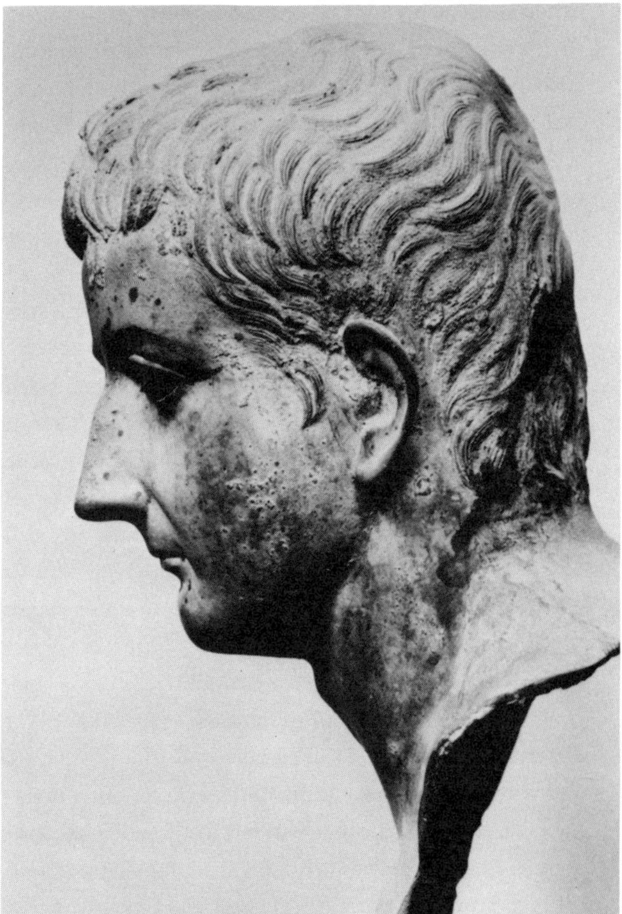

Tiberius 14–37

lichen, von Tiberius nur mühsam niedergerungenen Aufstandes der Pannonier und Dalmater (6–9) und die anschließende Katastrophe des Varus im Teutoburger Walde (9) scheiterte. Tiberius sicherte nun die Rheingrenze (10–12) und erhielt in Erwartung von Augustus' nahem Ende 13 die tribunizische Gewalt erneuert sowie ein imperium proconsulare übertragen. Dennoch trat er die Nachfolge (19. Aug. 14), die von Meutereien an Rhein und Donau begleitet und späterhin von schweren Reibungen innerhalb der kaiserlichen Familie belastet war, nur zögernd und aus Pflichterfüllung an. Nach vergeblichen Versuchen, den Senat stärker zur Mitarbeit heranzuziehen, und enttäuscht durch vermeintliche oder wirkliche Opposition sowie durch das Doppelspiel des 31 gestürzten praefectus praetorio Seianus, zog sich Tiberius von Rom verdüstert nach Kampanien (Capri) zurück, behielt aber die Reichsregierung in fester Hand. Mäßigung, Wohlfahrt, Gerechtigkeit, Milde und Sparsamkeit waren die wichtigsten Grundsätze seiner Regierung, die besonders den Provinzialen zugute kam. Mit der Rückberufung seines Neffen und Adoptivsohnes Germanicus (16) wurden die Offensivkriege in Germanien, die das Reich überforderten, eingestellt, im übrigen die Position gegenüber den Parthern behauptet und örtliche Unruhen unterdrückt. Erst die Gegenwart hat den in republikanischer Tradition lebenden, auf Resonanz und Popularität verzichtenden, in harter Lebensschule und Pflichterfüllung freudlos gewordenen, dabei doch sehr tüchtigen Herrscher gegenüber maßloser Verleumdung in der antiken Historiographie (z. B. Tacitus) mehr Gerechtigkeit verschafft. Er starb am 16. März 37 zu Misenum. RE X 478, KP V 814.

Titus (T. Flavius Vespasianus), römischer Kaiser 79–81. Geboren am 30. Dez. 39 in Rom als Sohn des späteren Kaisers → Vespasian und zusammen mit Britannicus erzogen, wurde er 69 zum Caesar erhoben, machte sich durch die Einnahme Jerusalems (70) einen Namen und waltete als praefectus praetorio, dazu im Besitz eines imperium proconsulare und der tribunizischen Gewalt praktisch als Mitregent seines Vaters. Seine kurze Regierung, er starb am 13. Sept. 81, war beeinträchtigt durch den Untergang von Pompeji und Herculaneum infolge des Vesuvausbruchs (24. Aug. 79) sowie durch einen Großbrand in Rom und eine Pestepidemie (80), doch erwarb er sich durch Hilfsaktionen, Besonnenheit und ein gutes Verhältnis zu Senat wie Volk (Vollendung des Kolosseums, Thermenbau), nicht zuletzt auch wegen des Gegensatzes zu seinem anders gearteten Bruder → Domitian den Ehrentitel «Liebe und Wonne des Menschengeschlechtes». RE VI 2695, KP V 874.

Trajan (Marcus Ulpius Traianus), römischer Kaiser 98–117. Geboren am 18. Sept. 53 zu Italica (Spanien), stieg Trajan als bewährter Offizier in der senatorischen Ämterlaufbahn bis zum Konsulat (91) empor und wurde von

→ Nerva als Statthalter von Obergermanien am 27. Okt. 97 adoptiert, mit dem Caesartitel ausgestattet und zum Mitregenten bestellt. Nach Regierungsantritt (27. Jan. 98) blieb er, zunächst mit dem Ausbau von Grenzbefestigungen beschäftigt, an der Rheingrenze und begab sich dann zu entsprechenden Kriegsvorbereitungen an die untere Donau. 101 nahm er mit einem sehr starken Heer die Offensive gegen das Dakerreich des Decebalus auf und verwandelte es nach zwei Kriegen (106) in die Provinz Dacia; gleichzeitig wurde das nabatäische Arabien ins Reich eingegliedert. Der 114 eröffnete Partherkrieg führte den Kaiser nach bedeutenden Erfolgen an den Persischen Golf (116), doch zwangen ein großer jüdischer Aufstand zwischen Alexandria und Cypern sowie die Erschöpfung der Kräfte zum Abbruch der Offensive und zur Aufgabe des Großteils der neueroberten Gebiete. Länger schon leidend, starb Trajan am 8. Aug. 117 auf dem Rückweg in Selinus am Schwarzen Meer. Innenpolitisch vermied der Kaiser die verletzende Form von → Domitians Absolutismus, hielt aber dessen Ansprüche und Ziele fest. Der Senat wurde betont ausgezeichnet, das Volk durch Spenden und großartige Spiele gewonnen. Rege Bautätigkeit kam der Hauptstadt (Trajansforum, Markthallen) wie auch den Provinzen (hier vor allem Straßenanlagen) zugute. Die sozialpolitischen Maßnahmen Nervas (alimenta) und die Binnenkolonisation wurden fortgesetzt, doch war beim

Trajan 98–117

Tode des Herrschers eine allgemeine finanzielle Erschöpfung deutlich sichtbar. Trajans ebenso maß- wie kraftvolles Kaisertum und seine humane, schlichte Art schufen dem «optimus princeps» allgemeine Anerkennung und führten nach den Erschütterungen unter → Domitian zu einem Neuverständnis des Herrschertums. Der «Philosoph auf dem Throne», der «Wohltäter der Menschheit» kündigte sich an und wurde von Stoikern, selbst von Kynikern gepriesen. RE Suppl. X 1035, KP V 919.

Trebonianus (Gaius Vibius T. Gallus), römischer Kaiser 251–253, wurde um 206 in Perusia geboren und – 250/51 Legat in Moesien – nach dem Tod des → Decius durch die Donaulegionen zum Kaiser erhoben, worauf er nacheinander → Volusianus und → Hostilianus zu Mitherrschern bestellte. Verlustreiche Auseinandersetzungen mit den Goten an der unteren Donau, späterhin ein Einfall Schapurs I. in Syrien, dazu eine Pestepidemie bedrängten das Reich. Der Kaiser, meist in Rom weilend und inneren Aufgaben zugewandt, verlor die Verbindung mit Provinzen und Legionen und wurde, als er gegen den in Moesien aufgestellten Rivalen → Aemilianus zog, samt seinem Sohne Volusianus durch Meuterer bei Interamna (Mittelitalien) ermordet. RE VIII A 1984, KP V 934.

Ulpius (U. Cornelius Laelianus), erhob sich um 269 in Gallien gegen den dortigen Teilherrscher → Postumus im Raum von Mainz, wurde aber bald von diesem oder seinem Nachfolger → Victorinus bezwungen. KP V 1044.

Uranius (Lucius Iulius Aurelius Sulpicius Severus U. Antoninus), Usurpator 253/54, Baalspriester von Emesa, verteidigte mit einem rasch gesammelten Milizheer seine Heimatstadt erfolgreich gegen den 252 in Syrien eingebrochenen Schapur I. und galt, ohne den Kaisertitel offiziell zu tragen, daraufhin als Herr in den östlichen Gebieten; nach Ankunft des Valerianus gab er seine Stellung freiwillig auf. Unter seinem Namen können sich vielleicht zwei Persönlichkeiten (Vater und Sohn?) verbergen: Uranius-Antoninus. KP V 1059.

Urbanus, nur bei Zosimos (I 49, 2) erwähnt, empörte sich (272 ?) gegen Kaiser → Aurelianus, wurde aber bald beseitigt. PLRE I 982.

Vaballathus (Lucius Iulius Aurelius Septimius V. Athenodorus), syrischer Teilherrscher 266–271/72. Er war der Sohn der → Zenobia und des Septimius → Odaenathus und regierte seit 266 unter der Vormundschaft seiner Mutter – zuletzt durch sie zum Augustus erhoben – von Palmyra aus das syrische Teilreich, bis er mit ihr zusammen durch → Aurelianus gestürzt und vermutlich nach Rom gebracht wurde. RE VII A 2013, KP V 1085.

Valens (Gaius Aurelius Valerius V.), römischer Kaiser 314. Zunächst dux limitis, vermutlich an der mittleren Donau, wurde er von → Licinius nach seiner Niederlage gegen → Konstantin I. bei Cibalae (8. Okt. 314) zum Augustus ernannt; als kurz darauf nach einem erneuten Sieg über Licinius Konstantin Friedensverhandlungen unter der Bedingung anbot, daß Valens seine Würde niederlege, ließ ihn Licinius seiner brutalen Art entsprechend kurzerhand ermorden (Ende 314). RE VII A 2138.

Valens (Flavius V.), römischer Kaiser 364–378, wurde 328 in Cibalae (Slawonien) geboren und am 28. März 364 durch seinen Bruder Valentinian I. zum Augustus und Mitregenten im östlichen Reichsteil ernannt. An militärischen und politischen Fähigkeiten diesem sichtlich unterlegen, bemühte er sich gleichwohl um eine geordnete Verwaltung. Religiös stand er dem Arianismus nahe, dessen Mission damals die Goten und andere ostgermanische Stämme erreicht hatte (und nunmehr jahrhundertelang beherrschte). Diese seine Haltung sowie die Duldsamkeit gegenüber anderen Glaubensrichtungen konnten ihm nicht die Freundschaft seiner großen geistlichen Zeitgenossen, des feingebildeten Basilius von Caesarea, des «Vaters des östlichen Mönchstums», sowie des streitbaren Ägypters Athanasius, gewinnen, wie auch sein Bemühen um sozialen Ausgleich durch blutige Hochverratsprozesse, welche besonders die feudalen Kreise trafen und ihren letzten Grund im Zauberglauben der Zeit hatten, nicht zum Tragen kam. So lebte sein Bild in ziemlich ungünstigem Lichte fort. Dazu kamen schwere kriegerische Erschütterungen. Nachdem er den Empörer → Procopius 366 mühsam und nur mit Hilfe der älteren Generalität niedergerungen und seit 370 Schapurs I. Angriffen selbst unter Aufbietung aller Kräfte kaum standgehalten hatte, brachen unter dem Druck der anstürmenden Hunnen (375) Goten in großer Menge über die Donau in den Balkan ein («Beginn der Völkerwanderung») und machten die Anwesenheit des Herrschers im Krisengebiet notwendig. Herbst 376 hatte ihnen Valens Sitze in Thrakien anweisen lassen, römische Bedrückung führte indessen zur Empörung der Neuankömmlinge. Nach Vorstößen bis nach Griechenland hinein brachten sie am 9. Aug. 378 unter ihrem Führer Fritigern dem Kaiser, der → Gratians Waffenhilfe nicht abwartete, bei Adrianopel eine vernichtende Niederlage bei. Valens fällt, und mit ihm beginnt auch der Arianismus im Reiche zu zerfallen, während gleichzeitig die Völkerwanderung auf römischen Boden übergreift. RE VII A 2097, KP V 1090.

Valens (Iulius V. Lucinianus), Usurpator 250. Während der Abwesenheit des → Decius in Rom soll er sich im Raum von Mazedonien-Thessalien erhoben haben, doch dauerte die Regierung des Empörers, von dem sich keine Münzen erhielten, vermutlich nur kurze Zeit. RE X 845, KP V 1090.

Valentinian I. (Flavius Valentinianus), römischer Kaiser 364–375, wurde 321 in Cibalae (Slawonien) als Sohn eines Offiziers einfacher Herkunft geboren und am 25. Febr. 364 in Nicaea zum Augustus ausgerufen. Auf Verlangen der Truppen bestellte er seinen Bruder → Valens zum Mitregenten für den Osten. Er selbst residierte vielfach in Trier und erwarb sich als tatkräftiger Mann große Verdienste um die Verwaltung und Sicherung des Reiches, namentlich der Rheingrenze gegen Alamannen und Franken. Sein Feldherr Theodosius, Vater → Theodosius' I., befriedete Britannien bis zum Hadrianswall und warf den Aufstand des Berberfürsten → Firmus in Afrika (ab 372) nieder. Nach erfolgreichen Abwehrkämpfen an der mittleren Donau gegen Sarmaten und Quaden starb Valentinian am 17. Nov. 375 an einem Schlaganfall zu Brigetio, nachdem er bereits 367 seinen Sohn → Gratianus zum Augustus bestellt und die Erbfolge im dynastischen Sinne geregelt hatte. Der militärisch tüchtige, strenge und sparsame, um Rechtsprechung und das Los der unteren Schichten bemühte Kaiser verfolgte in der Kirchenpolitik einen betont toleranten Kurs und mischte sich in die Streitigkeiten der Christen nicht ein. Sein Verhältnis zu den senatorischen Kreisen scheint gespannt gewesen zu sein und die Berichterstattung über seine Persönlichkeit ungünstig beeinflußt zu haben. RE VII A 2158, KP V 1093.

Valentinian II. (Flavius Valentinianus), römischer Kaiser

375–392. Als Sohn → Valentinians I. und der Iustina 371 in Trier geboren, wurde er am 22. Nov. 375 zu Aquincum vom Heer zum Augustus ausgerufen und erhielt – unter der Vormundschaft seines Stiefbruders → Gratian – den mittleren Reichsteil. Nach dessen Tod (383) wohl selbständig, aber doch unter dem Einfluß seiner arianischen Mutter stehend, mußte er 387 vor dem Usurpator → Maximus zu → Theodosius I. in den Osten fliehen, der ihn nach dem Sieg über den Empörer 388 zurückführte und weiterhin «betreute». Der schwache Herrscher, kirchlich nunmehr ganz Ambrosius und seiner orthodoxen Richtung ergeben, wurde – vermutlich auf Anstiften des heidnisch-fränkischen Heermeisters Arbogast – am 15. Mai 392 zu Vienna ermordet und durch → Eugenius ersetzt. RE VII A 2205, KP V 1095.

Valentinian III. (Flavius Placidus Valentinianus), weströmischer Kaiser 425–455, wurde am 2. Juli 419 zu Ravenna als Sohn → Constantius' III. und der Galla Placidia geboren. Nach der Flucht von Mutter und Sohn in den Osten ließ → Theodosius II. den Knaben, um dem Westreich die Dynastie zu erhalten, 424 in Thessalien zum Caesar und nach seiner Rückführung nach Italien und der Beseitigung des → Johannes am 23. Okt. 425 in Rom zum Augustus erheben. Bis 437, dem Jahr seiner Vermählung mit → Theodosius' II. Tochter Eudoxia, führte Galla Placidia die Regierung, nachher gewann der Reichsfeldherr und Patricius Aëtius bestimmenden

Einfluß auf das Westreich und seinen Kaiser. Nach erfolgreichen Kämpfen gegen die Westgoten und das Burgunderreich um Worms (437) schlug dieser im Verein mit den Westgoten die Hunnen unter Attila auf den sogenannten Katalaunischen Gefilden 451 und stabilisierte so einigermaßen die Verhältnisse in Gallien und Spanien. Britannien war indessen endgültig aufgegeben, Pannonien an die Hunnen und Afrika an die Vandalen unter Geiserich verloren. Innenpolitisch stand Aëtius auf der Seite des starken Senatsadels und gegen das Kaisertum, weshalb ihn Valentinian nach Wegfall der hunnischen Bedrohung (Tod Attilas 453) unter dem Vorwurf des Hochverrates am 21. Sept. 454 eigenhändig niedermachte. Am 16. März 455 erlag der Kaiser selbst einem Anschlag der Anhänger des Aëtius. Valentinian erwarb sich durch seine Gesetzgebung und verschiedene Versuche zur Verwaltungsreform und Sicherung des Besitzstandes des «kleinen Mannes» gegen den überwuchernden Feudalismus unbestreitbare Verdienste und erscheint der heutigen Wissenschaft in günstigerem Lichte, als ihn die Überlieferung zeichnet. Religiös nahm der fromme Kaiser einen betont kirchenfreundlichen Standpunkt ein, ohne jedoch dem Klerus willfährig zu sein. RE VII A 2232, KP V 1095.

Valerianus (Publius Licinius V.), römischer Kaiser 253–260. Vor 200 geboren und vornehmer Abstammung, nahm er unter → Hostilianus 251 am Gotenkrieg teil, machte sich, als ihn → Trebonianus gegen → Aemilianus zur Hilfe rief, selbst zum Kaiser und wurde nach beider Tod vom Senat anerkannt (September 253). Während er seinem zum Mitherrscher erhobenen Sohne → Gallienus den Schutz des Westens übertrug, mußte er im Osten gegen Goten und die bis Antiochia vorstoßenden Perser schwerste Kämpfe führen, in deren Verlauf es zu großen Vermögenskonfiskationen und auch Christenverfolgungen kam. Gelegentlich einer Gegenoffensive geriet Valerianus 259/60 bei Edessa in persische Kriegsgefangenschaft, in der er bald ein trauriges Ende fand. Schapurs I. Inschrift und Felsenrelief von Naksch-i-Rustem berichten von der Demütigung des Kaisers. Seine Regierungsdaten lassen sich chronologisch nur schwer ordnen. RE XIII 488, KP V 1098.

Valerianus der Jüngere (Publius Licinius Cornelius V.), Caesar 256–258, war der ältere Sohn des → Gallienus und wurde von diesem mit dem Schutz der Rheinfront betraut, starb aber schon in der ersten Hälfte 258. RE XIII 239, KP II 684.

Verus (Lucius Aelius Aurelius V.), römischer Kaiser 161–169. Am 15. Dez. 130 als Ceionius Commodus und Sohn des L. Aelius geboren, wurde Verus auf → Hadrians Befehl am 25. Febr. 138 von → Antoninus Pius adoptiert und zusammen mit → Marcus Aurelius erzogen. Er bekleidete 154 und 161 das Konsulat und wurde von Mark Aurel bei seiner Thronbesteigung sogleich zum gleichrangigen Mitherrscher erhoben und anschließend mit dem Oberbefehl gegen die Parther betraut. Dank der Tüchtigkeit seiner Feldherrn schloß der Krieg 166 mit einem Triumph. Unmittelbar danach zog er mit Mark Aurel in den Markomannenkrieg, erlag aber schon im Januar 169 einem Schlaganfall, ohne es auch auf diesem Kriegsschauplatz zu wesentlichen persönlichen Leistungen gebracht zu haben, offenbar eine dem Lebensgenuß huldigende, schwächliche Natur. RE III 1832, KP V 1221.

Vespasian (Titus Flavius Vespasianus), römischer Kaiser 69–79, wurde am 17. Nov. 9 n. Chr. als Sohn eines Zollbeamten in Reate geboren und nach ehrenvollem Aufstieg von → Nero 67 mit der Niederwerfung des jüdischen Aufstandes betraut. Anfangs Juli 69 im Osten zum Kaiser ausgerufen, überließ er die Bekämpfung der Anhänger des → Vitellius seinen Generalen und traf, am 22. Dez. 69 vom Senat anerkannt, erst im Sommer 70 in Rom ein. Im gleichen Jahr erfolgte auch die Beendigung des Bataveraufstandes durch Cerialis und des Jüdischen Krieges durch → Titus, worauf die Grenzverteidigung im Osten wie im Westen verstärkt und neu geordnet wurde; in Britannien und im Rheinknie (Dekumatenland) schob sich der römische Machtbereich vor. Die Innenpolitik diente dem Gedanken des Friedens und Ausgleiches, namentlich durch Verleihung des Bürgerrechts an Provinzialen und Ergänzung des Senates aus

Vespasian 69–79

deren Mitte. Durch sparsames Finanzgebaren konnten beträchtliche Schulden getilgt und gleichzeitig Reformen im Heer und zahlreiche Bauvorhaben (Erneuerung des zerstörten Kapitols, Tempel und Forum des Friedens in Rom u. a.) durchgeführt werden. Dem nüchternen und schlichten, energischen wie auch ironischen Vespasian gelang nach der tiefen Krise des «Dreikaiserjahres» die Erneuerung des Prinzipats und des Reiches, das sich künftig mehr auf die Provinzen stützte. Gleichwohl begegnete er bis zu seinem Tod (24. Juni 79) gewisser Opposition aus Kreisen des Senates, der Stoa und der Kyniker. Eine wertvolle Hilfe fand er zeit seiner Regierung an seinem älteren Sohn → Titus. RE VI 2623, KP V 1224.

Vetranio. Römischer Kaiser 350. Geboren in Oberpannonien und von niederer Herkunft, diente er sich unter → Constans bis zum magister peditum empor und ließ sich auf Veranlassung der Constantia, der Schwester Constantius' II., von den illyrischen Truppen am 1. März 350 zum Kaiser ausrufen, um so Illyrien vor → Magnentius zu retten. Nach einigem Schwanken unterwarf er sich am 25. Dez. 350 dem legitimen Kaiser → Constantius II., worauf er noch sechs Jahre als Privatmann lebte. RE VIII A 1838, KP V 1235.

Victor (Flavius V.), Usurpator 384(?)–388, wurde von seinem Vater → Magnus Maximus vermutlich kurz nach dessen Erhebung zum Mitregenten bestellt und 387 bei dessen Zug nach Italien zum Schutze Galliens zurückgelassen, wo ihn nach dem Untergang des M. Maximus (388) Arbogast niederkämpfte. RE VIII A 2060, KP III 1114.

Victorinus (Marcus Piavonius V.), Teilherrscher in Gallien 268–270. Von vornehmer gallischer Abstammung wurde er im Frühjahr 268 von → Postumus zum Mitherrscher im westlichen Teilreich (Gallien, Britannien, Spanien) ernannt und gewann nach dessen Ermordung (Ende 268) die dortige Alleinherrschaft, erlag aber selbst Anfang 270 einem Mordanschlag. In welchem zeitlichen Verhältnis zu seiner Regierung die des → Marius steht, ist noch nicht eindeutig geklärt. RE VIII A 2074, KP V 1265.

Vitellius (Aulus V.), römischer Kaiser 69, wurde 15 n. Chr. in Luceria geboren, bekleidete 48 das Konsulat und ließ sich am 2. Jan. 69 als Legat des niedergermanischen Heeres zum Kaiser ausrufen. Nach schnellem Vorstoß auf Italien bezwang sein Heer die Truppen → Othos bei Betriacum, worauf ihn der Senat am 19. April 69 anerkannte. Als Lebemann scheint er sich der allgemeinen Krise nicht gewachsen gefühlt zu haben; so erwartete er ziemlich untätig den Angriff der aus dem Osten heranziehenden Truppen → Vespasians und fand nach grauenvollen Kämpfen in Rom, wobei das Kapitol in Flammen aufging, am 20. Dez. 69 den Tod. RE Suppl. IX 1706, KP V 1303.

Volusianus (Gaius Vibius Afinius Gallus Veldumnianus V.), römischer Kaiser 251–253, wurde etwa 230 als Sohn des späteren Kaisers → Trebonianus geboren und nach dem Tode des → Decius 251 zunächst zum Caesar und wenig später zum Augustus erhoben. Auf dem Feldzug gegen → Aemilianus fand Volusianus zusammen mit seinem Vater bei Interamna durch Meuterer den Tod. Er trat neben ihm kaum hervor. RE VIII A 1996, KP V 1250.

Zeno. Oströmischer Kaiser 474/75 und 476–491, trug als Häuptling aus Isaurien ursprünglich den Namen Tarasicodissa und wurde, um ein Gegengewicht gegen Aspar und seine Germanen zu schaffen, von → Leo I. in den Dienst genommen und mit seiner Tochter Ariadne verheiratet. Neben seinem kleinen Sohne Leo II. ließ sich Zeno am 9. Febr. 474 zum Augustus erheben und wurde im Herbst 474 Alleinherrscher, mußte aber im Januar 475 vor → Basiliskos nach Isaurien entfliehen, von wo er Ende 476 in die Herrschaft zurückkehrte und diese trotz vieler Widerstände geschickt behauptete. Er wurde nach Absetzung des → Romulus Augustulus auch von Odoaker anerkannt. Das von ihm erlassene sogenannte Henotikon (482) suchte einen Ausgleich zwischen Katholiken und Monophysiten, führte jedoch nur zu einem Schisma mit Rom. Er starb kinderlos am 9. April 491 in Konstantinopel. RE X A 149, KP V 1498.

Zenobia (syrischer Name Bat-Zaabai, als Herrscherin Septimia Zenobia), syrische Teilherrscherin 266/67–271/72. Gemahlin des Septimius → Odaenathus und nach dessen Ermordung (266/67) als Vormünderin ihres Sohnes → Vaballathus faktische Herrscherin des Reiches von Palmyra, erweiterte sie ihr Gebiet um Ägypten und große Teile Kleinasiens, setzte aber zunächst die Politik der Loyalität gegenüber Rom fort. Nach dem Regierungsantritt des → Aurelianus erklärte sie durch Annahme des Augusta-Titels die völlige Unabhängigkeit und erreichte auch die vertragliche Anerkennung dieser Stellung. Seit 271 wurde sie indessen von Aurelian bekämpft und geriet nach mehreren Niederlagen in dessen Gefangenschaft, worauf sie im Triumph aufgeführt wurde und ihren Lebensrest in Italien verbrachte. RE X A 1, KP V 1491.

Ausgewählte Literatur

zur römischen Geschichte mit besonderer Berücksichtigung der Kaiserzeit.

Bei Taschenausgaben und -büchern ist der Verlag mit angegeben.

Kleinere Lexika zur Antike

Lexikon der Alten Welt. 2. Aufl. hg. v. C. Andresen, H. Erbse, O. Gigon, K. Schefold, K. F. Stroheker, E. Zinn. Zürich (Artemis) 1990

The Oxford Classical Dictionary. 2. Aufl. hg. v. N. G. L. Hammond, H. H. Scullard. Oxford 1970

Der Kleine Pauly. Hg. v. K. Ziegler, W. Sontheimer, H. Gärtner. 5 Bde. München 1964–1975; NDr. München (dtv) 1979

J. Irmscher, Das große Lexikon der Antike. Leipzig 1971; NDr. München (Heyne) 1974 u. ö.

O. Hiltbrunner, Kleines Lexikon der Antike. Bern, München (Slg. Dalp) ^{5}1974

H. Lamer, P. Kroh, Wörterbuch der Antike mit Berücksichtigung ihres Fortwirkens. Stuttgart (Kröner) ^{8}1976

Tusculum-Lexikon griechischer und lateinischer Autoren des Altertums und des Mittelalters. 3. Aufl. hg. v. W. Buchwald, A. Hohlweg, O. Prinz. München, Zürich (Artemis) 1982

H. Hunger, Lexikon der griechischen und römischen Mythologie. Wien ^{6}1969; NDr. Reinbek (Rowohlt) 1974 u. ö.

Einführung in die Alte Geschichte

H. Bengtson, Einführung in die Alte Geschichte. München ^{8}1979

K. Christ, Römische Geschichte. Einführung, Quellenkunde, Bibliographie. Darmstadt ^{3}1980

Atlanten

Westermanns Großer Atlas zur Weltgeschichte, hg. v. H. E. Stier, E. Kirsten u. a. 1: Altertum. Braunschweig 1957 u. ö.

Großer historischer Weltatlas, hg. v. Bayer. Schulbuch-Verlag. 1: Vorgeschichte und Altertum, bearb. v. H. Bengtson, V. Milojocic. München ^{5}1972

Einführungen in die Geschichte der Römischen Kaiserzeit

K. Christ, Das römische Weltreich. Freiburg/Br. (Herder) 1973; NDr. München (Heyne) 1981

W. Dahlheim, Geschichte der Römischen Kaiserzeit. München, Wien 1984

C. Wells, Das Römische Reich. München (dtv) 1985

Sammelveröffentlichungen

Cambridge Ancient History. Cambridge seit 1923; darin X: The Augustan Empire, 44 B. C. –A. D. 70. 1934; XI: The Imperial Peace, A. D. 70–192. 1936; XII: The Imperial Crisis and Recovery, A. D. 193–324. 1939

Fischer Weltgeschichte. Frankfurt/M; darin P. Grimal (Hg.), Der Aufbau des römischen Reiches. 1966; F. Millar (Hg.), Das römische Reich und seine Nachbarn. 1966; F. G. Maier (Hg.), Die Verwandlung der Mittelmeerwelt. 1968

Aufstieg und Niedergang der Römischen Welt, hg. v. H. Temporini, W. Haase. Teil II: Principat (zahlreiche Bände). Berlin, New York seit 1974

Gesamtdarstellungen der römischen Kaiserzeit

Th. Mommsen, Römische Geschichte V: Die Provinzen von Caesar bis Diocletian. Berlin 1885. NDr. München (dtv) 1976

H. Dessau, Geschichte der römischen Kaiserzeit. 2 Bde. Berlin 1924–1930

A. Garzetti, L'impero da Tiberio agli Antonini. Bologna 1960 (= From Tiberius to the Antonines. London 1974)

O. Seeck, Geschichte des Untergangs der antiken Welt. Stuttgart $^{2-4}$1920-23

A. H. M. Jones, The Later Roman Empire, 284–602. 3 Bde. Oxford 1964

E. Kornemann, Römische Geschichte. II: Kaiserzeit. Stuttgart (Kröner) ^{4}1959, ^{7}1977 (hg. v. H. Bengtson)

Ders., Geschichte der Spätantike (hg. v. H. Bengtson). München (Beck) 1978

W. Seyfarth. Römische Geschichte. Kaiserzeit. 2 Bde. Berlin, Weimar ^{3}1978

A . Heuß, Römische Geschichte. Braunschweig ^{4}1976

H. Bengtson, Grundriß der Römischen Geschichte mit Quellenkunde. Republik und Kaiserzeit. (Handbuch der Altertumswiss. 3.5) München ^{3}1980

J. Fitz, Das Jahrhundert der Pannonier. 193–284. Aus dem Ungarischen übersetzt von Á. Meller-Vértes. Budapest 1982

F. Hartmann, Herrscherwechsel und Reichskrise. Untersuchungen zu den Ursachen und Konsequenzen der Herrscherwechsel im Imperium Romanum der Soldatenkaiserzeit. 3. Jahrhundert n. Chr. (Europäische Hochschulschriften. Reihe 3: Geschichte und ihre Hilfswissenschaften 149) Bern 1982.

St. Elbern, Usurpationen im Spätrömischen Reich. (Habelts Dissertationsdrucke. Reihe Alte Geschichte 18) Bonn 1984

K. Christ, Geschichte der römischen Kaiserzeit. Von Augustus bis zu Konstantin. München 1988

A. Demandt, Die Spätantike. Römische Geschichte von Diocletian bis Justinian. 284–565 n. Chr. (Handbuch der Altertumswissenschaft, Abt. 3, 6) München 1989

D. Kienast, Römische Kaisertabelle. Grundzüge einer römischen Kaiserchronologie. Darmstadt 1990

Literatur zu den einzelnen Kaisern

W. Schmitthenner (Hg.), Augustus. (Wege der Forschung 128) Darmstadt 1969

D. Kienast, Augustus. Princeps und Monarch. Darmstadt 1982

G. Binder (Hg.), Saeculum Augustum. (Wege der Forschung 266) Darmstadt 1987

E. Kornemann, Tiberius. Frankfurt/M. ³1980

B. Levick, Tiberius the Politician. London 1976

J. Balsdon, The Emperor Gaius [Caligula]. Oxford 1934

A. Momigliano, Claudius. Cambridge ²1961

B. H. Warmington, Nero. London 1969

M. T. Griffin, Nero. The end of a dynasty. London 1984

E. Cizek, Néron. L'empereur maudit. (Marabout université 466) Paris 1988

H. Bengtson, Die Flavier. Vespasian, Titus, Domitian. München 1979

D. Kienast, Nerva und das Kaisertum Trajans. Historia 17 (1968) 51–78

S. Perowne, Hadrian. München (Beck) ²1977

W. Hüttl, Antoninus Pius. 2 Bde. Prag 1933–36

A. Birley, Marc Aurel. München (Beck) ²1977

R. Klein (Hg.), Marc Aurel. (Wege der Forschung 550) Darmstadt 1979

A. Birley, Septimius Severus. London 1971

W. Enßlin, Zur Ostpolitik des Kaisers Diokletian, SB. d. Bay. Ak. d. Wiss. 1942, 1

J. Vogt, Constantin der Große und sein Jahrhundert. München ²1960

J. Bidez, Julian der Abtrünnige. München 1940; NDr. als Kaiser Julian. Reinbek (Rowohlt) 1956

A. Lippold, Theodosius der Große und seine Zeit. München (Beck) ²1980

W. Enßlin, Theodorich d. Gr. München ²1959

B. Rubin, Das Zeitalter Justinians I. Bd. 1, Berlin 1960

Militärwesen

J. Kromayer, G. Veith, Heerwesen und Kriegführung der Römer. (Handbuch der Altertumswiss. 3, 2, 1) München 1928

L. Keppie, The Making of the Roman Army. London 1984

Recht und Verfassung

A. N. Sherwin-Withe, The Roman Citizenship. Oxford ²1973

E. Meyer, Römischer Staat und Staatsgedanke. Zürich/München ⁴1975

J. Bleicken, Verfassungs- und Sozialgeschichte des Römischen Kaiserreichs. 2 Bde. Paderborn (UTB) ²1981

F. Millar, The Emperor in the Roman World. London 1977

Wirtschaft und Gesellschaft

M. Rostovtzeff, Gesellschaft und Wirtschaft im römischen Kaiserreich. Leipzig 1929

M. I. Finley, Die antike Wirtschaft. München (dtv) ²1980

Ders., Antike Sklaverei. München 1981

H. Schneider (Hg.), Sozial- und Wirtschaftsgeschichte der römischen Kaiserzeit. (Wege der Forschung 552) Darmstadt 1981

G. Alföldi, Römische Sozialgeschichte. Wiesbaden ³1984

F. De Martino, Wirtschaftsgeschichte des alten Rom. München 1985

G. Alföldi, Die römische Gesellschaft. Ausgewählte Beiträge. (Heidelberger althistorische Beiträge und epigraphische Studien 1) Stuttgart 1986

B. Rawson, The family in ancient Rome. New perspectives. London 1986

W. Schuller, Frauen in der römischen Geschichte. (Konstanzer Bibliothek 4) Konstanz 1987

H. D. Stöver, Macht und Geld im alten Rom. Zürich 1989

Literatur- und Geistesgeschichte

A. Lesky, Geschichte der griechischen Literatur. Bern, München ^{3}1971

M. Fuhrmann (Hg.), Römische Literatur (Neues Handbuch der Literaturwissenschaft) Wiesbaden 1974

L. Bieler, Geschichte der römischen Literatur. Berlin, New York (Slg. Göschen) ^{4}1980

H. Hunger, Die hochsprachliche profane Literatur der Byzantiner. 2 Bde. (Handbuch der Altertumswiss. 12.5) München 1978

M. Pohlenz, Die Stoa. 2 Bde. Göttingen ^{3}1964

Ders., Stoa und Stoiker. Zürich, Stuttgart ^{2}1964

F. Klingner, Römische Geisteswelt. München ^{5}1965; NDr. Stuttgart (Reclam) 1979

H. Halfmann, Itinera principum. Geschichte und Typologie der Kaiserreisen im Römischen Reich. (Heidelberger althistorische Beiträge und epigraphische Studien 2) Stuttgart 1988

Kunst

R. Bianchi–Bandinelli, Rom. (Universum der Kunst) München. 15: Das Zentrum der Macht. 1970. 17: Das Ende der Antike. 1971

H. A. Stützer, Römische Kunstgeschichte. Köln (DuMont) 1984

Th. Pekáry, Das römische Kaiserbildnis in Staat, Kultur und Gesellschaft. Dargestellt anhand der Schriftquellen. (Das römische Herrscherbild, 3. Abt. 5) Berlin 1985

Kulturgeschichte

L. Friedländer, Darstellungen aus der Sittengeschichte Roms. 4 Bde. Leipzig $^{9-10}$1921–1923

R. Müller (Hg.), Kulturgeschichte der Antike. II: Rom. Berlin 1978

J. Carcopino, Rom. Leben und Kultur in der Kaiserzeit. Stuttgart ^{2}1979

G. Neumann, J. Untermann (Hgg.), Die Sprachen im römischen Reich der Kaiserzeit. Köln, Bonn 1980

Wissenschaft und Technik

H. Diels, Antike Technik. Leipzig ³1924

H. Klingelhöfer, Römische Technik. (Lebendige Antike) Zürich, Stuttgart 1961

J. G. Landels, Die Technik in der antiken Welt. München 1979

Religion

K. Latte, Römische Religionsgeschichte. (Handbuch der Altertumswiss. 5 .4) München 1960

F. Taeger, Charisma. Studien zur Geschichte des antiken Herrscherkultes. 2 Bde. Stuttgart 1957–1960

A. Wlosok (Hg.), Römischer Kaiserkult. (Wege der Forschung 372) Darmstadt 1978

R. Ogilvie, ... und bauten die Tempel wieder auf. Stuttgart 1982, verb. NDr. München (dtv) 1984

Rom und das Christentum

Reallexikon für Antike und Christentum. Hg. v. Th. Klauser. Stuttgart seit 1950

A. v. Harnack, Mission und Ausbreitung des Christentums in den ersten drei Jahrhunderten. Leipzig ⁴1924

H. Lietzmann, Geschichte der Alten Kirche. 4 Bde. Berlin ³⁻⁴1961

R. Klein (Hg.), Das frühe Christentum und der römische Staat. (Wege der Forschung 267) Darmstadt 1971, ²1982

H. Köster, Einführung in das Neue Testament im Rahmen der Religionsgeschichte und Kulturgeschichte der hellenistischen und römischen Zeit. Berlin, New York 1980

R. MacMullen, Christianizing the Roman Empire A.D. 100–400. New Haven 1984

Besondere Problemkreise

Reallexikon der Germanischen Altertumskunde, begr. v. J. Hoops, 2. Aufl. hg. v. H. Jankuhn u. a. Berlin, New York seit 1968

Lexikon des Mittelalters. München, Zürich seit 1980

1. Die Reichskrise des 3. Jahrhunderts

F. Altheim, Der Niedergang der Alten Welt. 2 Bde. Frankfurt/M. 1952

G. Walser, Th. Pekary, Die Krise des römischen Reiches. Berlin 1962

A. Alföldi, Studien zur Geschichte der Weltkrise des 3. Jahrhunderts n. Chr. Darmstadt 1967

2. Die römisch-germanischen Auseinandersetzungen, vornehmlich in der Spätantike

W. Capelle, Die Germanen der Völkerwanderung. Stuttgart 1939

A. Schenk Graf v. Stauffenberg, Das Imperium und die Völkerwanderung. München 1947

H. J. Kellner, Die Römer in Bayern. München 1971

K. F. Stroheker, Germanentum und Spätantike. Zürich 1965

H. J. Diesner, Das Vandalenreich. Leipzig 1966

D. Claude, Geschichte der Westgoten. Stuttgart 1970

H. Wolfram, Geschichte der Goten. München [2]1980

W. Menghin, Kelten, Römer und Germanen. Archäologie und Geschichte. München 1980

3. Limesforschung

W. Schleiermacher, Der römische Limes in Deutschland. Berlin [3]1967

D. Baatz, Der Römische Limes. Berlin 1974

4. Der Untergang des Römischen Reiches

K. Christ (Hg.), Der Untergang des Römischen Reiches. (Wege der Forschung 269) Darmstadt 1970

A. Demandt, Der Fall Roms. Die Auflösung des römischen Reiches im Urteil der Nachwelt. München 1983

Münzen, Inschriften, Papyri

H. Mattingly, E. A. Sydenham u. a. (Hgg.), The Roman Imperial Coinage. London seit 1923

R. A. G. Carson, Principal Coins of the Romans. London. II: The Principate. 1979, III: The Dominate. 1981

J. Kent, B. Overbeck, A. Stylow, M. Hirmer, Die römische Münze. München 1973

K. Christ, Antike Numismatik. Darmstadt ²1972

M. R. Alföldi, Antike Numismatik. 2 Bde. Mainz 1978

H. Dessau, Inscriptiones Latinae Selectae. 3 Bde. in 5, Berlin 1892–1916

R. Cagnat u. a., Inscriptiones Graecae ad res Romanas pertinentes. 3 Bde. Paris 1906–1927

H. Freis, Historische Inschriften zur Römischen Kaiserzeit (dt. Übers.) Darmstadt 1984

E. Meyer. Einführung in die lateinische Epigraphik. Darmstadt 1973, ²1983

L. Mitteis, U. Wilcken, Grundzüge und Chrestomathie der Papyruskunde. 4 Bde. Leipzig 1912

J. Hengstl, Griechische Papyri aus Ägypten (zweispr.). München 1978

E. G. Turner, Greek Papyri. Oxford ²1980

Bibliographien

L'Année Philologique. Begr. v. J. Marouzeau. Paris seit 1928

K. Christ (Hg.), Römische Geschichte. Eine Bibliographie. Darmstadt 1976

Wie u. a. die zahlreichen Neudrucke bzw. die Überarbeitungen älterer, erprobter «Großwerke» und das Fehlen so mancher umfassenden, einen ausgedehnten Forschungsbereich auf den modernsten Wissensstand bringenden Abhandlung erkennen lassen, befindet sich die römische Geschichtsforschung derzeit in der Krise, mindestens in der Gefahr fortschreitender Aufsplitterung. Um so größere Bedeutung kommt daher den Zeitschriften zu, in denen sich «der Kampf an der Front» großenteils abspielt und neue Ziele und Auffassungen sichtbar werden. Als wichtigste Organe seien genannt: Historia (1950ff.), Historische Zeitschrift (1859ff.), Hermes (1866ff.), Klio (1902ff.), Deutsche Literaturzeitung (1880 ff.), Museum Helveticum (1944ff.), Journal of Roman Studies (1911ff.), The Classical Review (1887ff.), American Journal of philology (1880ff.), Classical Philology (1906ff.), Revue des études anciennes (1899ff.), Revue des études latines (1923ff.), Revue historique (1876ff.), Athenaeum (1923ff.), Rivista di filologia e d'istruzione classica (1873ff.), La Parola del Passato (1946ff.), Chiron (1971ff.), Vestnik drevnei istorii (1937ff.).

Die römischen Herrscher von Augustus bis Iustinianus I. (27 v. Chr. bis 565 n. Chr.)

Tabelle der römischen Herrscher von Augustus bis Iustinianus I.

Die rechten Spalten umfassen Gegenkaiser bzw. Gebieter über selbständige Reichsteile.
In Klammern stehen die Herrscher, welche nicht die Würde eines Augustus besaßen.

Augustus	27 v. Chr.–14 n. Chr.		
Tiberius	14–37		
Caligula	37–41		
Claudius	41–54		
Nero	54–68		
Galba	68–69		
Otho	69		
Vitellius	69		
Vespasian	69–79	Iulius Sabinus	70
Titus	79–81		
Domitian	81–96	Antonius Saturninus	89
Nerva	96–98		
Trajan	98–117		
Hadrian	117–138		
Antoninus Pius	138–161		
Marcus Aurelius	161–180	Avidius Cassius	175
Verus	161–169		
Commodus	180–192		
Pertinax	193		

Didius Iulianus	193		
Septimius Severus	193–211	Pescennius Niger	193–194
		Clodius Albinus	195–197
Caracalla	211–217		
Geta	211–212		
Macrinus	217–218		
Macrinus Diadumenianus	218		
Elagabal	218–222		
Severus Alexander	222–235		
Maximinus Thrax	235–238		
(Maximus)	235–238		
Gordianus I.	238		
Gordianus II.	238		
Balbinus	238		
Pupienus	238		
Gordianus III.	238–244	Sabinianus	240
Philippus Arabs	244–249	Pacatianus	248
		Iotapianus	248–249
Philippus II.	247–249		
Decius	249–251	Valens	250
		Priscus	250
Herennius	251		
Hostilianus	251		
Trebonianus Gallus	251–253		

Volusianus	251–253				
Aemilianus	253				
Valerianus	253–260	Uranius	253–254		
Gallienus	253–268	Antoninus	um 260 (?)		
(Valerianus d. J.	256–258)				
(Saloninus	258–259)	*Gallien*		*Palmyra*	
Ingenuus	260	Postumus	259–268	(Odaenathus	260–266)
Regalianus	260				
Quietus	260–261				
Macrianus	260–261				
Aemilianus	261–262				
Memor	263			Vaballathus, Zenobia	266–271/72
Aureolus	268				
		Marius	268 (?)		
		Ulpius	269 (?)		
Claudius Gothicus	268–270	Victorinus	268–270		
Quintillus	270	Tetricus d. Ä.	270–273		
Aurelianus	270–275	Domitianus	271		
		Urbanus	272 (?)		
		Septimius	272 (?)		
		Antiochus	272		
		Tetricus d. J.	273		
Tacitus	275–276				
Florianus	276				

Probus	276–282	Saturninus	279–280		
		Bonosus	281		
		Proculus	281		
Carus	282–283				
		Iulianus	283–284		
Carinus	283–285				
Numerianus	283–284				
Diokletian	284–305			*Britannien*	
Maximianus	286–305			Carausius	286–293 (287–294 ?)
				Allectus	293–296 (294–297 ?)
		Domitius Domitianus	296–297		
		(Achilleus ?)			
Galerius	305–311				
Constantius I. Chlorus	305–306				
Konstantin I.	306–337	Calocaerus	334–335		
Maxentius	306–312	Domitius Alexander	308–311		
Severus	306–307				
Licinius	308–324				
Maximinus Daia	309–313				
Valens	314				
(Licinianus d. J.	317–324)				
(Crispus	317–326)				
Martinianus	324				
(Dalmatius	335–337)				

(Hannibalianus	335–337)				
Konstantin II.	337–350				
Constans	337–350				
Constantius II.	337–361	Magnentius	350–353		
(Gallus	351–354)	(Decentius	350–353)		
		Nepotianus	350		
		Vetranio	350		
		Silvanus	355		
Iulianus Apostata	(355) 361–363				
Iovianus	363–364				
Valentinian I.	364–375	Firmus	372–374		
Valens	364–378	Procopius	365–366		
Gratian	367–383				
Valentinian II.	375–392				
Theodosius I.	379–395	Maximus	383–388		
		Victor	384 (?)–388		
		Eugenius	392–394		
Weströmisches Reich				*Oströmisches Reich*	
Honorius	393–423	Marcus	406	Arcadius	383–408
		Gratianus	407		
		Konstantin III.	407–411	Theodosius II.	408–450
		Constans	410–411		
		Attalus	409–410 u. 414–415		

		Maximus	409–411 u. 418–421		
		Iovinus	411–413		
Constantius III.	421	Heraclianus	413		
Iohannes	423–425				
Valentinian III.	425–455	Marcianus	450–457		
Petronius Maximus	455				
Avitus	455–456				
Maiorianus	457–461	Leo I.	457–474		
Libius Severus	461–465				
Anthemius	467–472				
Olybrius	472				
Glycerius	473–474				
Nepos	474–475	Leo II.	474		
		Zeno	474–475		
Romulus Augustulus	475–476	Basiliskos	475–476		
		Marcus	475–476		
		Zeno	476–491	Leontius	483–488
		Anastasius	491–518		
		Iustinus I.	518–527		
		Iustinianus I.	527–565		

Stammtafeln

Pfeile und Klammern in Zahlen bei den Stammtafeln «Julisch-claudisches Haus» (S. 152/53), «Trajan und Hadrian» (S. 154),«Die Severer» (S. 155) und «Die Antonine» (S. 156/57 oben) verweisen auf das LEXIKON DER ALTEN WELT, wo man nach Spalte 2640 (bzw. in der 2. Auflage Spalte 2642) auch Karten des Römischen Reiches findet.
Pfeile in den Stammtafeln «Haus Konstantins» (S. 156/57 unten) und «Haus des Theodosius» (S. 158) verweisen auf Stichwörter in diesem Band.

JULISCH-

Ancharia ∞

Octavia maior

C. → Octavius (4) ∞ → Atia (1) maior
gest. 58 v. Chr. gest. 43 v. Chr.

M. → Antonius (2) ∞ → Octavia (2) minor ∞ C. → Claudius (14) Marcellus
gest. 30 v. Chr. ca. 69–11 gest. 41 v. Chr.

→ Antonia (2) maior
geb. 39 v. Chr.
∞ L. → Domitius (6)
Ahenobarbus gest. 25 n. Chr

→ Antonia (3) minor
36 v. Chr. – 37 n. Chr.
∞ Nero Claudius → Drusus (1)
später Germanicus 38–9 v. Chr.
(s. unten)

M. → Marcellus (1)
43–23
∞ → Julia (2)

Cn. Domitius Ahenobarbus
cos. 32 n. Chr.
∞ → Agrippina (3) minor

Domitia Lepida
∞ M. Valerius Messalla Barbatus

C. → Caesar (2)
20–4 n. Chr.
∞ → Livilla

L. Domitius Ahenobarbus
= → Nero (1) Claudius Caesar
Dez. 37 – 9. 6. 68
∞ → Octavia (3),
∞ → Poppaea Sabina,
∞ → Statilia Messalina

Valeria → Messalina
ca. 25–48
∞ Tib. → Claudius (1) Caesar

→ Nero (2) Caesar
6 n. Chr. – 31
∞ → Julia (4)

→ Livia Drusilla ∞ Tib. → Claudius (18) Nero
58–29 v. Chr. gest. 33 v. Chr.

→ Julia (2) ∞ Tib. Claudius Nero
= → Tiberius (1)
Caesar Augustus
16. 11. 42 – 16. 3. 37 n. Chr.
∞ Vipsania → Agrippina (1)
gest. 20 n. Chr.

Nero Claudius → Drusus (1) ∞
später Germanicus
38–9 v. Chr.

→ Livilla ∞ → Drusus (2) Caesar
12/13 v. Chr. – 31 13 v. Chr. – 23

→ Germanicus (1) Caesar
15 v. Chr. – 19
∞ → Agrippina (2) maior
(s. oben)

→ Livilla
12/13 v. Chr. – 31

→ Julia (4) ∞ → Nero (2) Caesar ∞ C. Rubellius Blandus
ca. 6 n. Chr. – 43

→ Tiberius (2)
Caesar Gemellus
19–37

→ Germanicus (2)
Caesar Gemellus
19–23

CLAUDISCHES HAUS

I

→ Scribonia ∞ C. Octavius
= C. Julius C. f. Caesar
= → AUGUSTUS
23. 9. 63–19. 8. 14 n. Chr.

∞ → Livia Drusilla
58–29 n. Chr.
(Nachkommen aus 1. Ehe
mit Tib. → Claudius (18) Nero
s. unten)

M. Vipsanius → Agrippa (1) ∞ → Julia (2) ∞ → TIBERIUS (1)
63–12 | 39–14 n. Chr. | Claudius Caesar

L. → Caesar (3)
17–2 n. Chr.
∞ Aemilia Lepida

→ Julia (3)
19/18 v. Chr.–28
∞ L. → Aemilius (12)
Paullus

Agrippina (2) maior
14/13 v. Chr.–33
∞ → Germanicus (1) Caesar

→ Agrippa (3)
Postumus
12 v. Chr.–14

→ Drusus (3) Caesar
7 n. Chr.–33
∞ Aemilia Lepida

GAIUS Caesar
(→ CALIGULA)
31. 8. 12–24. 1. 41
∞ → Lollia Paulina
∞ Caesonia

Julia Drusilla

→ Agrippina (3) minor
16–59
∞ Cn. Domitius
Ahenobarbus (s. links)
∞ Tib. → CLAUDIUS (1) Caesar

aus 1. Ehe
→ NERO (1) Claudius Caesar

→ Drusilla
16–38
∞ L. Cassius
Longinus

→ Julia (7)
Livilla
17–42
∞ M. Vinicius

II

Antonia (3) minor

Tib. Claudius Drusus
Nero Germanicus
= Tib. → CLAUDIUS (1) Caesar
1. 8. 10 v. Chr.–13. 10. 54

∞ → Plautia
Urgulanilla

Drusus
geb. 20 n. Chr.
früh verst.

Claudia
als Kind
gest.

∞ → Aelia
Paetina

Claudia
Antonia
28–66

∞ Valeria
→ Messalina
(s. oben)

→ Octavia (3)
ca. 40–62
∞ NERO Claudius
Caesar

Tib. Claudius
→ Britannicus
41/42–55

∞ Agrippina (3)
minor (s. oben)

TRAJAN UND HADRIAN

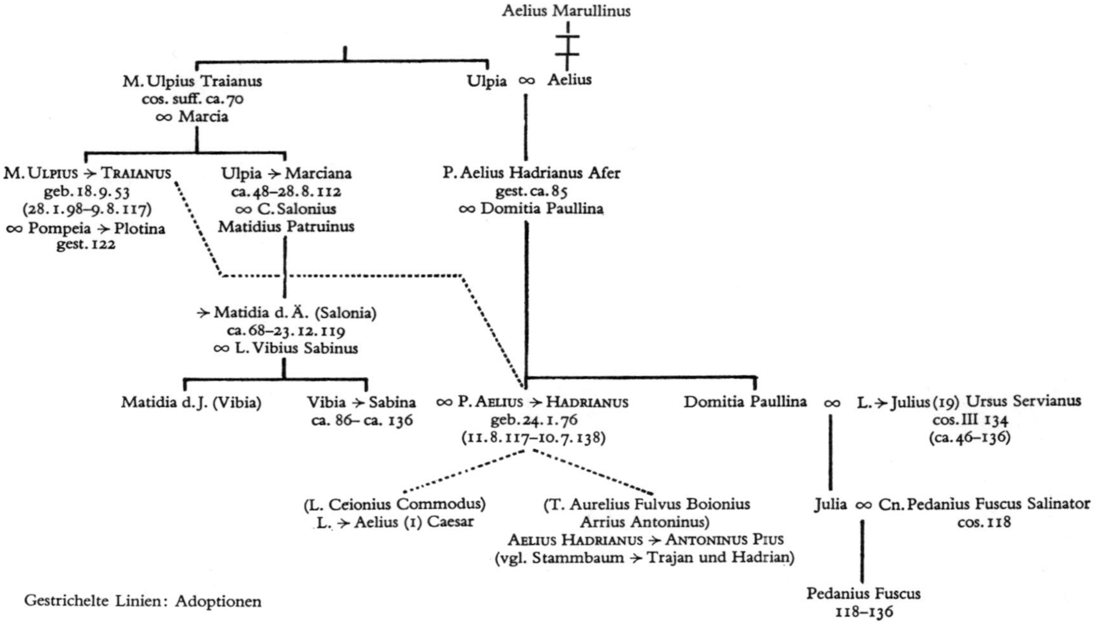

Gestrichelte Linien: Adoptionen

DIE SEVERER

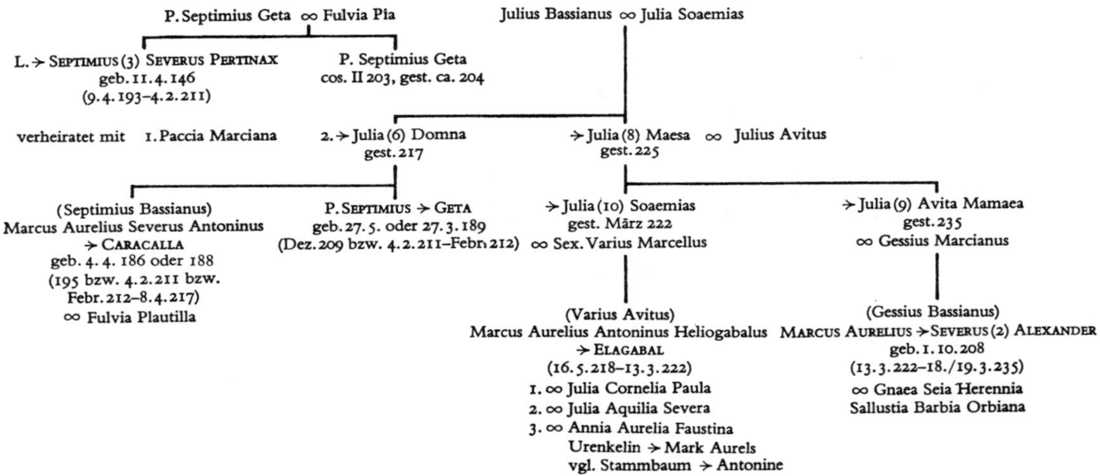
P. Septimius Geta ∞ Fulvia Pia
Julius Bassianus ∞ Julia Soaemias
L. → Septimius (3) Severus Pertinax
geb. 11.4.146
(9.4.193–4.2.211)
P. Septimius Geta
cos. II 203, gest. ca. 204
verheiratet mit 1. Paccia Marciana
2. → Julia (6) Domna
gest. 217
→ Julia (8) Maesa ∞ Julius Avitus
gest. 225
(Septimius Bassianus)
Marcus Aurelius Severus Antoninus
→ Caracalla
geb. 4.4.186 oder 188
(195 bzw. 4.2.211 bzw.
Febr. 212–8.4.217)
∞ Fulvia Plautilla
P. Septimius → Geta
geb. 27.5. oder 27.3.189
(Dez. 209 bzw. 4.2.211–Febr. 212)
→ Julia (10) Soaemias
gest. März 222
∞ Sex. Varius Marcellus
→ Julia (9) Avita Mamaea
gest. 235
∞ Gessius Marcianus
(Varius Avitus)
Marcus Aurelius Antoninus Heliogabalus
→ Elagabal
(16.5.218–13.3.222)
1. ∞ Julia Cornelia Paula
2. ∞ Julia Aquilia Severa
3. ∞ Annia Aurelia Faustina
Urenkelin → Mark Aurels
vgl. Stammbaum → Antonine
(Gessius Bassianus)
Marcus Aurelius → Severus (2) Alexander
geb. 1.10.208
(13.3.222–18./19.3.235)
∞ Gnaea Seia Herennia
Sallustia Barbia Orbiana

DIE ANTONINE

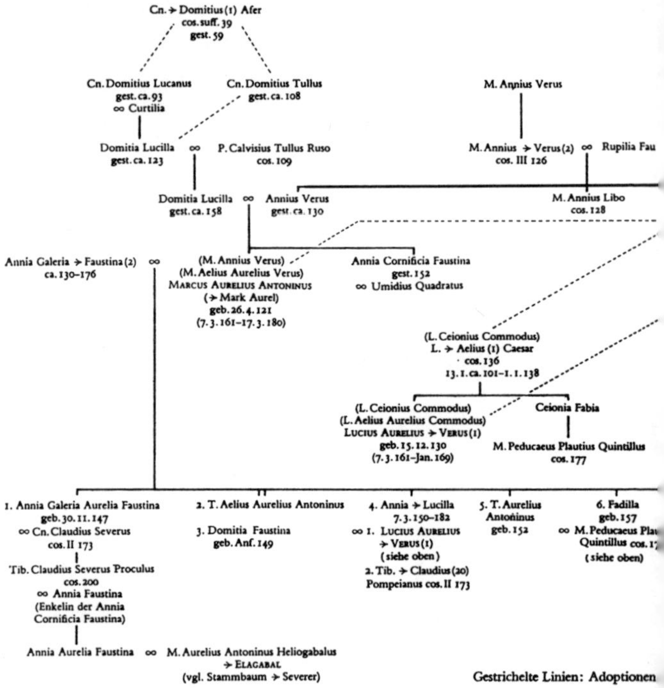

HAUS KONSTANTINS

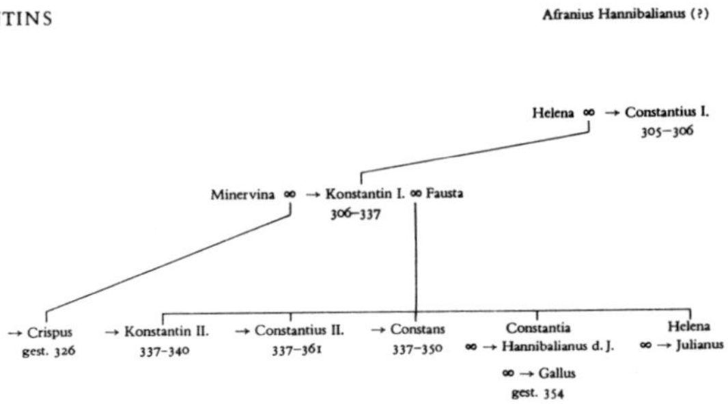

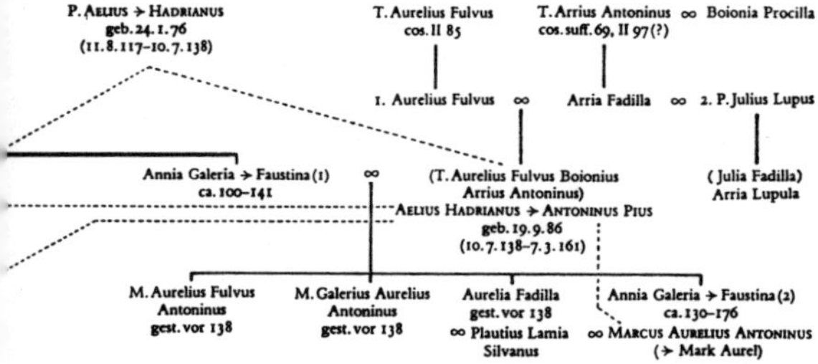

Alle Daten nach Christi Geburt

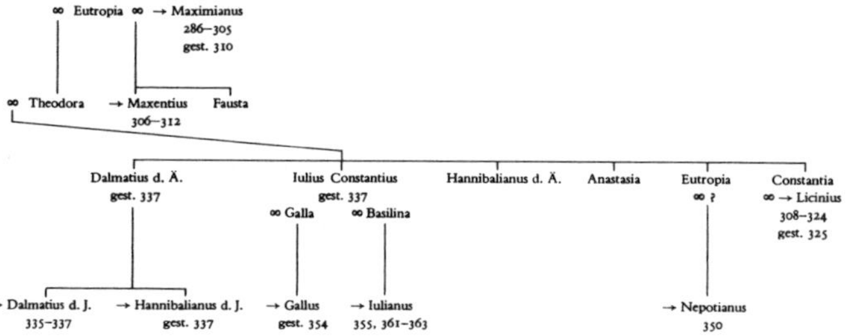

HAUS DES THEODOSIUS

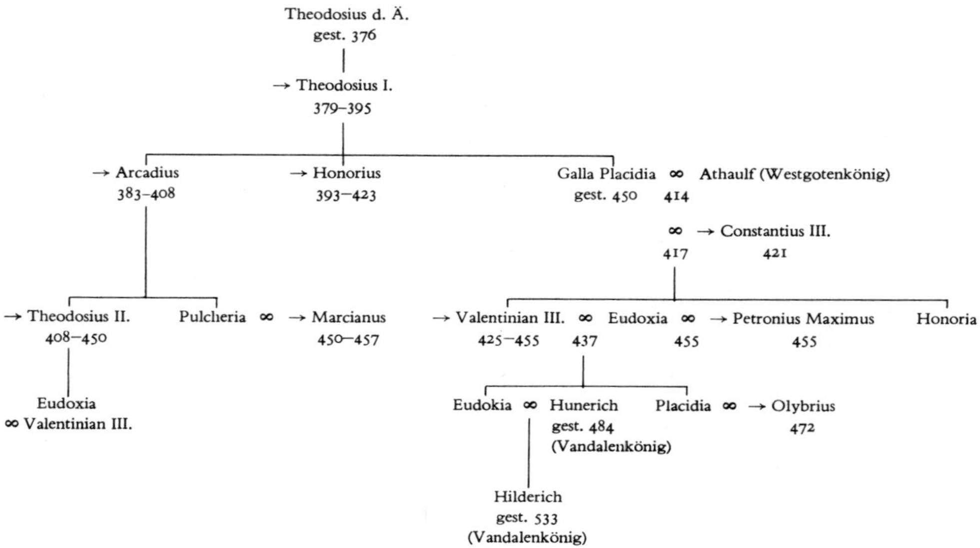

Inhaltsübersicht

Vorwort 5

Achilleus — Zenobia 9

Ausgewählte Literatur 133

Herrschertabelle 143

Stammtafeln 151

Bildnachweis: Die Wiedergabe der Abbildungen erfolgt mit freundlicher Genehmigung des Deutschen Archäologischen Instituts, Rom, außer S. 45 und 127 (Ny Carlsberg Glyptothek, Kopenhagen) und S. 21 (Gisela Fittschen-Badura, Augsburg).